非遗展陈叙事研究

李　峰◎著

人民日报出版社
北　京

图书在版编目（CIP）数据

非遗展陈叙事研究 / 李峰著 . -- 北京：人民日报
出版社 , 2023.5
ISBN 978-7-5115-7769-6

Ⅰ . ①非… Ⅱ . ①李… Ⅲ . ①非物质文化遗产—陈列
设计—研究—中国 Ⅳ . ① G122

中国国家版本馆 CIP 数据核字（2023）第 058198 号

书　　名：非遗展陈叙事研究
　　　　　FEIYI ZHANCHEN XUSHI YANJIU
作　　者：李　峰

出 版 人：刘华新
责任编辑：周海燕　张雪原
封面设计：元泰书装

出版发行：人民日报出版社
社　　址：北京金台西路 2 号
邮政编码：100733
发行热线：（010）65369509　65369512　65363531　65363528
邮购热线：（010）65369530　65363527
编辑热线：（010）65369518
网　　址：www.peopledailypress.com
经　　销：新华书店
印　　刷：三河市嘉科万达彩色印刷有限公司
法律顾问：北京科宇律师事务所　010-83622312

开　　本：710mm×1000mm　1/16
字　　数：260 千字
印　　张：15.75
版次印次：2023 年 6 月第 1 版　　2023 年 6 月第 1 次印刷

书　　号：ISBN 978-7-5115-7769-6
定　　价：78.00 元

目 录

绪　论

一、缘起与意义

21 世纪以来，中国和日韩等东亚国家比西方国家更重视非物质文化遗产的保护与传承，究其原因，是工业革命促使全球性的现代社会的形成，旧的生产方式迅速被取代，工业社会为适应新的生产生活方式而导致文化的变革。虽然西方现代社会与传统社会也有区别，但工业社会与现代性是西方文化内生的结果，所以西方的文化和社会基本是一以贯之、有序可循的，西方文化的发展脉络未曾中断。而东亚国家是被迫卷入全球化与工业化的，这造成了东亚社会传统与现代的断裂，其文化发展脉络是被切断的，所以东亚国家对"非遗"的问题都有一种焦虑，"非遗"之于东亚社会的意义在 21 世纪显得尤为重要。从纵向上说，文字的历史是一种自上而下的精英主义的历史，而"非遗"本质上是一种可视化的文明，一种本真性的、世代承载的历史，同样可以展现人类文明的演变，若仅有文字历史的存留必然会损失掉一种文明的丰富性和复杂性；从横向上

1

来说，"非遗"同样是一种相对于主流文化而言的"地方性知识"，从世界意义上来看是全球化与民族性的问题，从国家视角来看是主流文化与乡土社会的问题。总的来说，"非遗"的重要性在于保持文化的多样性，以及民族身份的合法性表述，防止地区性文化为全球化和现代性所吞噬。

"非遗"对于个人在现代性当中的处境，对于中华多元一体文明的国族身份的认同都有至关重要的作用，而非遗如何能有效传播很大程度上取决于我们博物馆的"非遗"展示的水平。而我们迄今为止的"非遗"展示最大的问题是展示方式过于单一，仍然以传统的博物馆展示为主，仍然关注在对"物"的展示。这种传统的展示方式体现了多数博物馆和相关的展示对"非遗"的本质和属性认识不足，本书试图在反思"非遗"展示及其研究现状的基础上，将叙事学引入"非遗"展示研究中，以此为切入点探讨非物质文化遗产展示的理念与方法论问题。

就展示的理念而言，我们首先应该看到非物质文化遗产与文化遗产之间是有极大区别的。"非遗"本身的特点就在于其作为展示的主体具有无文字、非历史、非线性的主体性特征，这是存在于博物馆体制所关注的有文字的、线性的、精英主义历史之外的内容。如果说对物质文化遗产的展示是围绕"物"来展开的，那么非物质文化遗产的展示就是侧重于对"事"的叙述。在对"非遗"这件"事"的展示中，物只是这件事中的一个载体，承载着这件"事"

的结果，或者只是作为视觉性的辅助品、一个物证。在这件"事"中还包括"非遗"传承人、传承人的活动及其过程，"非遗"背后的文化、当下的环境（自然环境、经济环境、社会环境、文化环境、地理环境）等等。也就是说，"非遗"展示需要在展览中去讲述这件"事"的整体内容及发展过程，同时，表现其不断迭代更新的活态性以及在过程上所呈现出的时间特性等，因此，较之物质文化遗产以"物"为中心的展示方式而言，"非遗"的展示更侧重于对其活态性、发展的过程以及叙事方式的呈现。此外，物质文化遗产作为已经丧失活态生存环境的遗产，人们围绕其物质性遗存的阐释不论多么接近历史或文化的本身，也只是现代人站在文化他者视角上的解读与复原，与历史或文化的真相之间永远存在着难以逾越的鸿沟。而"非遗"是活态的，其展示的内容是围绕传承人文化或生活的本来面目进行的展示，那么最好的展示就是让文化以文化或历史的本真面目自己出场。

而在展示中让"非遗"自己出场，也就意味着它不应该只是一种符号性的在场，即对它们的展示不应像常规的"物"的展示那样只是简单地给它们贴上民族、地域等标签与说明，而应该将"物"背后的文化与文化、地域与地域、人与人之间互动的动态历史立体地揭示出来。那么如何让"非遗"出场便是"非遗"展示研究应该深入探讨的问题。值得注意的是，"非遗"展示的特殊性还在于，"非遗"的出场的意义在于它与观者的同时在场与交流是一种对象性的交流，即在"非遗"的展示中，观者不应该是被动的接受者，因为观者不是在与一种死掉的文化打交道，只是在阅读这种文化的符号。好的"非遗"展示应该让观者成为主动的对话者，并让"非遗"的展示不仅仅只是一种静观的、符号式的展示，而是通过一定的方式提供一个特定的场域，让"非遗"在现代社会中获得保护与延续，并解决现代性的某些问题。就本文的目的而言，本文通过对非物质文化遗产展示研究为"非遗"展示提供一种方法论，让中国的"非遗"在这样的展示中能够揭示出被文字历史遮蔽的中华民族实为多元一体格局的本真面貌，并通过建立在"非遗"与观者同时在场，以及二者交流的伦理关系基础上的文化内容，既赋各民族身份以合法性，又赋中华民族的身份认同以合法性。或者说，这种双重合法性在"非遗"展示中得以用感性显现的方式出场。"非遗"展示要实现这个目的，就需要一定的方法与原则。

二、研究方法、思路与创新点

本书试图将叙事学引入非物质文化遗产展陈的研究之中，是基于对"非遗"展示及其研究现状的反思。一方面我们可以看到，迄今为止的"非遗"展示最大的问题是过于单一，展示方式仍然以传统的博物馆展示为主，仍然是物品的展示。这种方式其实适合于文化遗产的展示，但并不全然适合于非物质文化遗产。因为前者一般只有物的遗存，最多还有相关文本的遗存（如历史记载，且记载未必为真），其原来所处的环境和语境都不存在了，所以一般是将之单独展示，而对它的阐述也主要是一种历时性的、线性的、物与物的关系叙事（如通过历史性的物品来讲述生产力由落后到进步的故事）。这种方式其实并不适合"非遗"的展示，因为相比于博物馆的展品而言，"非遗"并不只有"物"的一面，它还有传承人，它所赖以存在的原境还存在，所以它还有许多面，如还有人与物、人与人、人与文本、文本与文本等等的关系，不仅仅只有物与物的关系。传统展示方式的单一性就在于没有看到"非遗"有许多侧面，没有看到此侧面的重要性和丰富性，没有看到它和许多事情的关联。由于"非遗"具有活态属性，这些侧面与关联仍能在当下的社会环境中找到蛛丝马迹，而传统的展示无法甚至是不愿意去寻找、挖掘、揭示这些关系。另一方面则是相关的研究也相对单一，多数"非遗"展示的研究都以个案为主，并将展示仅仅理解为"讲故事"，将引入展示的叙事学研究简单理解为"如何讲好故事"。事实上，叙事学是一种对文本内部各要素以及其所处的原境进行共时性研究的方法，本文通过引入叙事学，试图剖析"非遗"展示的要素、策略、展览者与接受者的关系，由此进行一个关系研究。展陈叙事并不能给出一个展示的准则，但可以通过关系的研究让展示者或策展人注意到这些在传统的展示中没有发现的要素和关系。

需要进一步辨析的是，尽管传统的物质文化遗产并非完全不与其他事物或要素存在共时性的关系，只是非常有限，通常只一物和与之同时出土的其他事物之间的关系（如同一墓葬出土的事物之间的组合关系），传统的博物馆展示一般也只展示到这个层面，所以并不适合"非遗"。因为"非遗"的共时关系相对复杂，活态本身就意味着它仍处在生长与变动之中。

因此，本书在此试图指出并将在后面详细论述的是，在"非遗"展示中引入叙事学理论和方法具有多方面的意义。首先，从叙事学的历史来看，我们熟知的经典叙事学和后经典叙事学虽然主要是作为文学研究，尤其是小说研究的工具，但它在诞生之初实际上是用于分析民间故事与神话文本的——它们恰恰属于"非遗"的一部分，并且早期的叙事学家的身份恰好是民俗学家与神话学家。如出版于 1928 年、被认为是叙事学发轫之作的《民间故事形态学》正是苏联民俗学家普洛普的名著。在此书中，普洛普指出民间故事的基本单位不是人物而是人物在故事中的"功能"，他一反传统的分类方式，按人物和主题对众多苏联民间故事进行分类，由此从众多的俄国民间故事中分析出 31 个"功能"。他的方法影响了列维－斯特劳斯的神话研究，并被列维－斯特劳斯传入法国。简单地说，叙事学在诞生之初就是为了考察"非遗"之间的共时性关系的，而发展到当代的后经典叙事学则考察对象与原境之间的共时关系。所以，"叙事学"作为方法在原初的意义上就是为"非遗"而产生的，在"非遗"展示中引入叙事学，可以说是在回归叙事学的"初心"。

而且，叙事学由最初的民俗、神话研究演变为一种文学分析的方法，这与通常的"非遗"展示将展品与其原境剥离而使之变为高雅艺术的情况可谓很相似。我们不难看到，这种传统的博物馆展陈方式让非艺术品变为艺术，让原来在生活中不重要的器物变得重要，这是博物馆对展品的高度肯定，但同时也遮蔽了这些器物与其所指向的生活。而这种艺术化的方式对原来处理神话语境中的物品浪漫化，或者说是从一个神化走向另一个神化。在今天"非遗"已经成为一门学科的情况下，我们可以反思这种方式，即把"非遗"变得太干净太精致，可能反而弱化了"非遗"具有的更重要的功能，比如民族身份认同等。

如前所述，物质文化遗产与"非遗"的区别在于，前者展示的是一种已经"死掉"的古物，那么对古物的叙事可能只有一种叙事或者解释，而"非遗"则可能有多角度叙事——观者、传承人、原境等等，观者进入"原境"时可以有更多不同的理解，这恰恰是其"活态"的体现。所以"非遗"的展示便需要超越传统的博物馆展示。传统的展示主要是学术讲述，观者只是听叙述者，除了被动接受以及审美感受外，观者很难进入原境，也几乎无法形成自己的叙事。也就是说，由于信息和环境的缺失，叙述者与观者的信息是不对等的，传统展示因而是不平等的。而"非遗"可以让传承者和观者现场面对面交流，接受者和讲述者能都处于原生态中时双方的信息是对等的，所以"非遗"展示可以也应该更为民主和平等。因此，"非遗"展示需要更多的技术、策略、方式，需要揭示更多的层次和关系，并让接受者有更多主导权和选择权，所以将叙事学引入"非遗"的展示研究，无论是就其分析工具的有效性而言，还是就其原初的确定对象与目的而言，都具有重要的方法论意义，可以推动"非遗"展示摆脱博物馆常规展示的束缚，并成为一种分析与展示"非遗"的方法，本书将在后面的章节中予以详细探讨与分析。

由于"非遗"对于国家文化建设的重要性，中国关于"非遗"的研究成果很多，关于博物馆展示的研究成果也很多，但关于"非遗"展示的研究则还非常之少，本文将叙事学作为研究方法，主要研究思路是尝试提出："非遗"的展示不仅仅只是一个技术问题，更重要的是我们对"非遗"的本质的认识，这就涉及我们的"非遗"研究深度以及对已有学术成果的吸收与转化，还有我们对"非遗"保护的认识。"非遗"的展示之所以成为问题，还在于能够展示的"非遗"对象的复杂性。"非遗"展示中有两种基本展示的形态，一种是以人为载体的音乐、戏剧、仪式等，无法脱离创作主体，其"非物质性"更强，更适于表演；另一种则是手工艺，靠手工制作，其最终产品形态与创作主体是可以剥离的，一方面它具有非物质性，即依赖于人的技艺，另一方面它又最接近物，因为它最终以物的形态呈现，也最适合于博物馆展示。但"非遗"展示与对"非遗"中物品的展示不是一个概念，与历史的遗留物也不是一个概念，物只是"非遗"中的一部分，且是在人为主体存在前提下与人互动的载体或结果的部分。它既不是一种仍在现代社会有一席之地的商品，也不是已死的历史陈列品，而是代表着一种有悖于现代社会生产生活方式、在历史上出现过且在现代社会仍有一定生命力的载体，物绝非"非遗"全部或主体。对于"非遗"的展示既要展示其物质性的一面，又要展示其生产制作过程，甚至生活场景，也就是要展现人的技艺和文化背景，所以除了某些需要在博物馆展示外，有一些还应该在原境中进行展示，也就是还原到其原生态的地址、村落、乡土社会当中来进行在地性展示。它与传统以物为中心的展示的本质区别、其展示的原则、伦理等问题自然就更需要深入研究才能阐释清楚，进而才能在实践层面的展示上体现出来。究竟哪些需要在博物馆展示，哪些需要进行原生态的展示，博物馆需要展示些什么，而原生态的展示又有哪些技术甚至伦理问题，"非遗"的保护和展示究竟是相辅相成还是无法调和的矛盾，都是需要研究的问题。

首先是"非遗"作为展示的主体如何区别于以物为中心的展品。现有博物馆展示体制中的分类与陈列其实遵循的是现代知识的秩序，即科学、历史学与逻辑的原则，追求的是清晰、秩序与理性。而"非遗"其实本身就是前现代的产物，它产生于旧的知识体系，这种旧的知识体系或许被现代社会视作落后和迷信，而且它本身就是混沌、不清晰以及非理性的，当我们试图把它展示得更为清晰时，就已经是在损失它的本真性了。因为展示不仅仅只是一种视觉的呈现，它必然是我们站在今天的角度对"非遗"的一种阐释，哪怕是站在历史主义的立场，以尽量还原为原则，也必然是对它的一种解剖。于是展示与还原在这个意义上构成了一个悖论。所以濒危的、逐渐丧失生命力的"非遗"项目或许更适合于博物馆展示，与以物为主导的展示的区别之处仅仅在于在现代社会仍有迹可循但已无创新及再生产的空间。而在展示空间中对"非遗"的展示应当力求尽可能多地展示出其各种技术的细节及其与原初生活场景的关系，因而需要运用物品、图像、文字、档案、视频乃至交互设计来进行多方面展示。然而，"非遗"的展示存在诸多悖论和难点。在"非遗"的传承和保护中展示是必不可少的环节，甚至需要有一定的商业化，否则便无法依靠自身而存续，但过度商品化又会使生产流程变质，乃至破坏其原境生态。因而，"非遗"的展示和保护在本质上是一体的，好的展示是对"非遗"的保护，过度的展示和介入则是一种破坏，因而必须建立某种展示原则，引入设计伦理学和人类学的解释。

需要再次指出的是，本书并不旨在提供一种关于"非遗"展示的标准（也不可能存在这样的标准），而是通过对"非遗"研究与"非遗"展示现状的反思，试图为"非遗"的展陈设计提供一种方法论与策展策略。而这必然是一种跨学科的研究，因为"非遗"展示是一个新的领域，本书需要重新梳理"非遗"概念的界定与保护等多方面的内容，这就涉及设计学、社会学、人类学、民俗学、历史学等多种研究方法的综合运用，力图在研究方法上有所突破。所涉及的研究方法包括：

（1）文献研究法。笔者以大量文献资料为基础对非物质文化遗产和博物馆展示进行梳理归纳，在此基础上进行更深入的理论与实践探讨。

（2）田野调查法。笔者通过对"非遗"项目、"非遗"传承人、博物馆设计师等进行实地访谈，从现实出发提出问题。

（3）概念分析法。笔者将会对"非遗"在社会学、人类学以及"非遗"展示在设计学、博物馆学中所涉及的相关概念进行阐释与分析，以便更有针对性地探讨"非遗"的展示问题。

（4）比较法。笔者通过对比现有博物馆体制下的以"物"为中心的展示，以及"非遗"展示中物对于人的依附关系、非线性发展以及活态性的特点来分析现有展示体制中与"非遗"展示不相匹配的部分。

因此，本书的创新之处也主要体现在以下几个方面。

（1）研究视角上的创新。从展示的角度对"非遗"特殊性的讨论既有别于学院派纯理论、纯思辨式的研究，也有别于陈陈相因、纸上谈兵的博物馆工作方法探讨，而是试图以全球化的视野，站在公共性的立场反思"非遗"的定义、研究与展示。

（2）研究方法上的创新。作者结合多年对"非遗"的展陈经验，并结合基础性的理论，试图超越理论与实践以建立一种综合性的、总体的、跨学科的研究与工作相结合的方法，力求为"非遗"展示做基础性的学科建设。

（3）研究内容上的创新。以往对于"非遗"的研究多侧重于"非遗"本体或"非遗"保护的研究，对于"非遗"展示的研究尚少。而现有的关于"非遗"展示的研究中，多以个案研究、实践研究为主，全面而结构化的学术研究仍有待推进与深入。本文以"非遗"展示为主体进行讨论，本身就突破了现有的以"物"为中心的博物馆展示法则，同时，在对"非遗"展示是什么与为什么及怎么做的讨论中，结合实践经验与理论对"非遗"展示做整体性的讨论。

三、文献综述

本课题并非关于非遗本体的研究，而是在非遗研究与展示研究成果的基础上，进行一项跨学科的研究。本书对于学术史的综述，将依据非遗研究与展示研究中与本课题的问题相关的成果来进行梳理。

1. 非物质文化遗产的理论研究

目前关于非物质文化遗产的理论成果都集中在实践服务的保护方法和原则以及制度建设上，其他如非遗价值的分析、意义、田野调查的方法，乃至非遗保护史的回顾，其实也都是为保护与制度建设服务的，如王文章在《非物质文化遗产概论》中提出：物质文化遗产强调了遗产的物质存在形态、静态性、不可再生和不可传承性，保护化主要着眼于对其损坏的修复和现状的维护；非物质文化遗产是活态的遗产，注重的是可传承性（特别是技能、技术和知识的传承），突出了人的因素、人的创造性及人的主体地位。比较重要的还有陈淑姣和白秀轩编著的《非物质文化遗产概论》、苑利和顾军著的《非物质文化遗产学》、于海广和王巨山编的《中国文化遗产保护概论》，等等；相关著作包括原文化部非物质文化遗产司的《非物质文化遗产保护法律文件汇编》、王文章的《中国非物质文化遗产保护论坛论文集》、王鹤云、高绍安的《中国非物质文化遗产保护法律机制研究》、黎宏河的《〈非物质文化遗产法〉出台记》、信春鹰的《中华人民共和国非物质文化遗产法解读》、李树文、信春鹰、袁曙宏、王文章主编的《非物质文化遗产法律指南》，等等；相关论文包括杨新莹的《论知识产权制度下如何规制"生物剽窃"行为——以国际法和国内法为视角》、臧小丽的《〈民族民间传统文化保护法（草案）〉的特点及立法建议》、黄玉烨的《我国民间文学艺术的特别权利保护模式》、阿布都热西提、杨立敏的《对少数民族文学艺术的著作权保护的探讨》、管育鹰的《民间文艺保护模式评介》，等等。这类保护是从宏观层面来谈的，更确切地说是为国家层面、法律层面的保护服务的。

本课题讨论的非物质文化遗产展示主要针对的是在实体空间中的展示，并通过探讨非遗项目与其他以物为中心的展示的区别来切入非遗的伦理问题，这就涉及非遗项目及其展示的本质的辨析。需要基于对非遗的价值、非遗展示的内容、非遗展示与空间的关系、非遗展示的原则、理念等方面的探索。相关的研究成果包括：在非遗价值的呈现上，认为非遗展示的意义在于展示非遗存在的价值及其与当下的关系。杨红在《非物质文化遗产展示与传播前沿》中指出，非遗博物馆不等同于地方博物馆或民俗博物馆，其中一个原因就是非遗博物馆的核心定位不是展示地域历史文化，也不是展示乡土民风民俗，而是阐释与展示非遗的存在价值及其与地域文化之间的依存关系，特别是这些非物质文化遗产在这一地域从古至今甚至直到可以预见的未来，它们无法被取代的价值在哪里。非遗价值的阐释不是宏大叙事，更多的是与人们生活息息相关的细微之处。

在展示原则上，王巨山的《非物质文化遗产保护原则辨析——对原真性原则和整体性原则的再认识》中指出，应充分考虑不同原则对不同遗产项目的可操作性和适应程度。在真实性方面，认为非遗具有活态的流变性，在实际操作中很难追求固定的"真"，我们能做的就是将这种遗产的自然演变过程展现给观众。在非遗展示的整体性方面，刘魁立在《非物质文化遗产及其保护的整体性原则》中强调除了关注非遗项目自身的内容和形式以外，更要注意它们所依赖的自然和社会环境，并客观地看待非遗的发展和变化过程。在非遗展示理论依据的探索上，陈伟峰的《非物质文化遗产的地域性与展示》中提出以非物质文化遗产的"地域性"特点为理论工具，以"信息定位型"为展示原则，能更好地实践对非遗展示信息的遴选、组织。这有别于大部分文章中对非遗展示的研究都只集中在了展示形式上。

此外，牛慕青在《非物质文化遗产的展示理论研究》中通过"物"与"非物"的辨析，将非物质文化遗产的展品分为无形展品、实物展品和辅助展品三大类。结合案例归纳出非物质文化遗产展示中的实物展示、再现式场景复原、展演式情境复原、数字化展示及互动展示等展示方式，提出非物质文化遗产的展示理念应基本遵循无形展品与有形展品的展示一体化、静态的成果展示与活态的过程演绎相结合、深入发掘并真实还原展品的背景信息及建立非物质文化遗产展示与观众的互动关系等几项原则。最后总结出非物质文化遗产展示应具备动态、生态和活态的基本要素。

宋俊华在《论非物质文化遗产的本生态与衍生态》中区别了"他者视角"与自我展示的概念，非遗生态博物馆是区别于他者视角，基于自我展示理念的博物馆。其提出了只有把本生态与衍生态非遗结合起来展示，才能实现非遗生态博物馆的现实性，并抛出了生态博物馆隐形边界如何确定的问题，文化持有人生产生活资源化的伦理问题等。最后，作者认为将自然生态博物馆、人为生态博物馆、虚拟生态博物馆三种路径结合起来使用是目前比较理想的选择。

在非遗项目与展示空间关系的探索上，陈俊超的《非物质文化遗产展示空间中的柔性边界研究》针对非遗项目的展示空间的研究，从空间设计的角度提出了"柔性边界"的概念，即一种被模糊的边界，体现两种空间的相互渗透与相互融合，甚至有时需要以人们的空间意识和对事物的感知来限定空间领域。作者认为这种空间处理方式能满足非遗活态性展示特征、解决临展性问题、增强空间适应力、延长空间寿命等。陈禹熹在《展馆空间中非物质文化遗产展示的"情景还原"》中提出了非遗展示中的"情景还原"不是完全的复原非物质文化遗产所存在的自然景物、文化场所和工艺工序，而是通过对所展示的非物质文化遗产自身特点、富含的文化信息的提炼和梳理来抓住其"神"，从而引发观众的参与和丰富的联想，要在观众的精神世界中完成多维度的"情景的还原"。何宝明在《非物质文化遗产展示空间形式研究》中指出，从艺术学来看，非遗展示过程是从抽象到具体、再到抽象的过程，它承接的是对物的认识，对人的理解。李冰在《非物质文化遗产展示空间设计策略研究》中提出了非遗展示的要求、影响因素，强调"体验性""动态性""技术性"。在对非遗展示实践的反思中，张娜娜在《中国非物质文化遗产展示现状及问题研究》中提出了目前实体类展览馆中的空间缺陷，强调在"空间感"中形成的时间感以及与展陈叙事的对话。作者另外指出，在实际操作过程中建筑设计师与展陈设计师缺乏沟通会导致两者在空间设计和形态语汇上存在"各说各话"的现象，导致展品与展示空间之间的脱节等问题。其强调在"内容－技术－空间－受众"之间建立起展览展示的"生态传播体系"的必要性。

在展示行为的构成上，王可在《互动技术在非物质文化遗产展示中的运用——以手工技艺类为例》中谈到了非遗展示行为的构成，认为展示渠道的构建是展示工作的核心。非遗具有跨学科跨领域的学理属性，因此可以从各个角度研究非遗的展示。何华湘的《非物质文化遗产的传播研究》从传播学的角度解析了传播是非遗的内在属性，非遗传播的内容应包括遗产价值观的传播、知识的传播、实践的传播及相关物质的传播。亚敏、王云庆在《非物质文化遗产档案展览研究》中从文化产业的角度提出要注重非遗展示与当地经济社会的协调发展和良性互动，促进相关产业的发展，使非遗传承展示服务于人们精神和物质生活需求。

聂瑛《非物质文化遗产展示馆设计研究》从设计学的角度提出展馆在功能定位上要注重将传统博物馆式的教育功能与其他教育、研究、商业等功能空间复合，发挥非遗助推文化旅游产业的功能，实现非遗展示馆的活化设计建构。在设计语言上，非物质文化遗产带有强烈的地域性特征，在展馆设计上应该突出当地浓厚的文象特征；在展示媒介上，应动静结合，全方位立体传播；在展示目的上，作者认为，非遗就是生活本身，展示的目的是能够使其与现代生活结合，实现活态传承。

可见，国内对非遗的理论探索研究主要集中在非遗保护与展示的重点和原则、非遗保护与展示的目的、非遗项目与空间的关系，以及从传播学等多角度探讨非遗保护与展示相关问题这几方面。这些研究成果为本课题的进一步研究提供了一定的理论基础。

国外对于非遗的研究很少作为一个单纯的命题，多数情况都与物质文化遗产并置思考。也不乏学者从人类学、民俗学、考古学、博物馆学等众多角度对非物质文化遗产进行研究，为本课题在非遗项目展示中对有形与无形遗产的关系、人与物关系的研究上提供了更多元的视角。相关的研究成果包括：美国的人类学家 Barbara kirshenblatt – Gimblett 指出，在讨论回归传统问题时，大部分研究将民俗学"误解"为现代实践遗产，并达成了以下共识：（1）遗产是当下以过去为由的一种文化生产模式；（2）遗产是通过展示与过去的差异或本地化等附加成分而形成的一种"价值附加"产业；

（3）在旅游业中，遗产生产地方感以输出产品；（4）不管现实是在场或者缺席，遗产生产的关键在于对其的幻想。在 Barbara kirshenblatt-Gimblett 发表的另一篇文章《作为元文化生产的非物质遗产》中，作者进一步深入对遗产作为文化生产的理解。她在文章中指出遗产是文化生产的一个模式，这个模式对于濒危的、过时的文化来说是展示自我的第二次生命。这种生命力的基础在于人既是文化遗产保护的客体也是保护的主体，同时文化变化的内在属性也是重要的决定因素。此外，旅游作为文化生产的模式之一，它与遗产的关系十分微妙。

在消费时代与商业等因素的影响下，大众旅游作为遗产展示的一种方式，它的兴趣与对于遗产传统文化的消费本身根植了现代性对遗产传统性的损害，这与遗产创造并延续人类的存续与发展的理念相背离。对于这一涉及伦理问题的解答，国外学者提出了家园遗产理念，以维系文化主体对遗产的依附感，来消解大众旅游与遗产传统性之间的矛盾，如 Alexis Celeste Bunten 提出的"商品化伪装"的概念就是给予家园遗产理念实践层面的发展思路。文化主体用伪装的策略保留遗产的历史性、经验性与地方性，有意识地区分商品与遗产传统，避免消费经济对遗产整体性的破坏，使家园生态与产业化发展并行不悖。关于遗产中人与物的关系研究，Tom G. Svensson 认为，对于遗产中物质文化的人与物的关系是可辨别的。知识的表达权主要来自本地人，在阐明人与物的内在关系时，叙述是十分重要的。同时，作者还强调了对知识生产过程的关注是十分重要的。在宏观层面上，Robert Hewison 从遗产政治学的角度反思了遗产概念的表述与被表述的问题，他认为"遗产工业"的概念在掩盖遗产实践、学术与认同价值的同时，也将遗产的所有权进行了转移，并附加了想象成分，使得遗产变成文化在生产的商品。

在对遗产的归属权的研究上，David Harrison 指出，遗产的归属首先要考虑个人或家园的因素。其次，遗产的实践性特征决定了"真实性的遗产"是个人、群体与历史选择的结果。而这种选择性表现在遗产表述与被表述、解释与被解释的机制中，并受到主观性、权利性、历史记忆与民族性等因素的影响。在无形遗产与有形遗产的概念界定上，Dawson Munjeri 以从《威尼斯宪章》到《关于真实性的奈良宣言》中关于真实性的内涵演变为例，指出了无形遗产与有形遗产从相互排斥到相互整合的过程。即从物质、手工、设计、环境等维度的真实性的狭窄定义，逐渐扩大到传统、技艺、精神、情感等方面的准度的转变。此外，在文化展示的讨论上，Bella Dicks 在《被展示的文化——当代"可参观性"的生产》中提到摄影技术为展示提供了新的可能性，但也让人们渴望三位情景中的真实体验，这是当下活态展示的内在需求。此外，作者认为民族志和历史博物馆逐渐抛弃了文化的等级观，采用人类学的不同民族有不同身份的观点。

在消费文化的影响下，展示文化越来越多地围绕着对差异而不是对等级的展示。展示中的仿真性和"会说话的环境"成为流行，文化概念已不再局限于产品，还包括对生活方式、风格和身份的展示。由此，活态文化为参观者提供了一个进入展示文化的内部视角，参观者将自己的生活与展示的生活相比较，从而获得对自己的过去和现在生活的一种特殊的观察视角，或者说遗产世界将过去展现为日常的三维体验，却不会让观众有真的生活于其中的沉重感。对于遗产的展示，作者认为遗产不仅是展示过去，而是为了满足当代观众的某些需求体验。此外，当代博物馆的文化展示的特点就是吸引观众，"体验"已经成为当代博物馆展示的关键词。对文化遗产来说，展示在当代的价值不仅是对过去的认知，也是对其在当下的构建，但在消费文化中展示的边界在哪，仍然有待讨论。

西方对非物质文化遗产保护的要求主要来自西方社会对现代化进程中的"异化"和"物化"的反思，反映了西方后现代的人本主义思潮。从注重对"物"的保护理念到以"人"为主导的保护理念的转变，是对遗产承载主体的认识与尊重的表现。对于遗产所有权的认识，为本课题所涉及的非遗展示中阐释主体话语权以及叙述视角问题的研究提供了理论视角。

2. 博物馆展示研究

本课题要探讨非遗展示与以物为中心的其他展品展示的区别，学术史的梳理就会涉另一方面——博物馆展示的研究。目前国内对博物馆本体以及博物馆展览实践的研究中有几本突出的文集和译作涉及全球新博物馆学与后博物馆的理念。其中，单霁翔的《从馆舍天地到大千世界》从博物馆社会职能的调整和完善谈到博物馆与城市文化、公民教育、信息互动、机构合作等，阐述了自己对新博物馆学所倡导的理念的回应。陈锦丰、刘凡等学者对博物馆中知识生产的权威性和局限性问题提出了质疑，倡导博物馆正视自己所存在的不足，关注呈现多元价值的可能性。

陈锦丰发表的《博物馆的再现：后现代 / 后殖民博物馆学的观点》反映了后殖民、后现代思潮对博物馆的影响。他认为"后现代论述在博物馆学中的应用，即在于强调人类所处的世界中存在着多元的秩序系统，而这些知识都是在特定的时空背景下被建构而成的，并非永恒不变的真理，也有其局限性，博物馆不论在收藏、研究、展示或教育推广上，都应该有此体认，必须抛弃保守僵硬的意识形态，并借以调整自己的脚步。"刘凡从人类学的视角将博物馆视为政治与文化被生产、观察与再生产的场所。她的《从他者的视角到多元化的身份认同——人类学视野下的博物馆展览策划研究》一文提出在博物馆展览领域，权利的生产与展示文本是值得权衡的重要议题。胡凯云的《对话在博物馆展览中的意义及运用研究》中，作者在已有对话哲学研究和博物馆展览语境分析的基础上得出博物馆需要对话的结论。认为对话建构策略的提出能够从实践层面体现出对差异性和多元性的重视和接纳，为博物馆展览的发展提供切实可行的建议。

丁宁译作《博物馆怀疑论——公共美术馆中的艺术展览史》对比了传统博物馆的叙述模式及现当代博物馆的展示理念，描述了当代公共艺术博物馆的发展趋势。钱春霞等所译《新博物馆理论与实践导论》提供了博物馆的构建思路，包括：定位、财政、建筑、获得物、目录、展陈、墙壁文字、教育计划、保护、网站、安全与再生产、遣返回国申请、社团关系等。并指出在博物馆内，物品不再仅仅是物品，博物馆叙事构建了民族身份和使各群落合法化。博物馆并非中立空间，仅以一种制度的权威声音来发话。博物馆体现的是个人所作的一些主观选择。认为博物馆不仅仅是反映文化身份，而且是通过塑造来产生文化身份。展览是有特权的舞台，展示着自我与"他者"的意象。博物馆通过构建 "他者"，来构建"自我"并使其合理化。这对本课题研究非遗在博物馆中展示的叙述方式十分有启发性。

此外，博物馆已从过去整体观、主导者的思路中走出，开始关注多元文化和观众的参与度。张镱怡的文章《"后博物馆"展示理念在上海自然博物馆中的体现》以博物馆理论家艾琳·胡柏－格林希尔的后博物馆概念为基础，表达博物馆不再是用权威的声音讲述"真理"的展示空间，而是一个平等的，"以人为本"的，注重观众的选择、互动和乐趣的多变的社会空间。文章认为上海自然博物馆是后博物馆视角下趋向于形成多参与、多视角、多层次、娱乐化的多元展示方式。在展览叙事方面，比较有代表性的研究成果是台湾学者张婉真的《当代博物馆展览的叙事转向》，书中作者反映了当代博物馆展览对叙事手法的运用日趋平常这一现象，作者解释了这一现象的背后成因，并阐明了叙事在博物馆展览叙事中的界定方式、限制与优劣利弊，分析了其结构的理论模式，并从观众阅读的角度说明叙事手法的运用如何促进观众的认知、学习以获得正向的博物馆经验。

从观看的角度来研究展示的成果包括：缪佳林在《博物馆数字化语境下的观看之变》中提出在数字化的影响下，观众群体、观看行为都发生了变化。我们的观看并不是单纯的视觉行为，而是由社会构建而成的观看、审视方式，大众化的观众群体必然带来大众化的观看行为。数字化消解了传统实体博物馆内的唯一权威话语权，观众由被动的接受者向主动的传播者转变。权义熙的《博物馆观众体验研究》从博物馆与观众双方的发展演变来思考博物馆与观众的相互关系与影响，为博物馆的未来发展提供了实证研究。林梦想在《超级连接的博物馆：前提与实施》中讨论了博物馆对外的连接功能，认为博物馆的社会化成为超级连接的前提，建立博物馆的超级连接是一个重点，也就是建立博物馆超级连接的渠道。通过观众研究和市场调查能让博物馆和观众产生持续性的连接和互动；各色各样的互联网应用和社交媒体，新媒体技术为观众与博物馆之间的深度沟通增添了多种形式；开设临展和巡展也是对于常设展的不足的补充，吸引到数量更多、范围更广的观众。

　　李树桥在《认知·博物馆信息》中肯定了博物馆从意义的构建者到体验的激发者的转型。目前这些研究肯定了当代观看方式的变化，并尝试提出具体的能促进博物馆展示与观众互动关系的方式。就展示本身而言，陆兴华在其著作《艺术展示导论》中提出"一场当代艺术'展'的真正内容，是要在观众中间造成不可调和的审美－政治冲突，并进一步造成共同体的伦理－审美－政治冲突，去激活整个社会内的文化斗争，而不只是展示作者和作品到底想说什么！'展'只是在培育造成这一冲突所需要的道具和现场。由'展'中延伸开来的观众或公众内部的激烈冲突对共同体的集体审美的冲击，才是展示的目标。"在这里，作者所理解的艺术展并不只是阐释与传播作品本身，而是作为一个批评的场域，产生审美－政治的对抗。这对本课题思考非遗的展示的当代意义具有很大的启发。

　　此外，对展示本质的探讨上，台湾学者张婉真的《论博物馆学》介绍了展示的分类与风格，认为展示将博物馆化的现实公开，而其手法与呈现风格都将深刻影响社会认知甚至塑造集体记忆。但她并未如大多数研究者一样从"如何展示"上来引出具体的方法，而是抛出了"为何展示"的终极思考。她认为在当代这个无所不展与无所不能展的社会，过多的展示将分散折损展示的传播力量。

　　要在展览实践上体现非遗展示的特殊性，就会涉及展览策划的学术研究。展览策划方面，包括展览自身逻辑与结构的生成、展览理念、展览大纲等方面的内容导向。对此方面的学术研究，从海外

20 世纪 60 年代之后"独立策展人"的登台到美术馆博物馆双年展体系形成后，就开始成为单独的学术研究领域，即"策展研究"方向。在此学术研究方向上，多位著名策展人的策划理念与艺术观念得以体现，例如以艺术展览为研究主线的《当代艺术·策展人卷：在中间地带》（金城出版社，2013.10）、《当代艺术书系·策展人卷：文本》（金城出版社，2013.7）等；以博物馆展览展示策划为主要研究内容的《博物馆策展理念实践与思考——苏州博物馆吴门四家系列展览实录》（译林出版社，2017.12）、《浅谈陈列展览中展览内容脚本的重要性——以"安徽文明史陈列"史前部分改陈为例》（文物鉴定与鉴赏，2018.6.1）《博物馆研究书系·博物馆展览策划：理念与实务》（复旦大学出版社，2016.5）、《论博物馆展览的逻辑展示顺序及展线布局原则》（美术教育研究，2018.2.25）等；以特别艺术门类的展览为学术研究对象的策划研究，如以电影为研究对象的策展研究《幕味：重访影史与策展实践》（北京联合出版公司，2016.8）等。

除在策展研究的逻辑范畴上，也有关于展览结构、展览叙事、展览写作等实际展览策划阶段的实务性研究，例如《捍卫新艺术史：吕澎艺术史写作与策展研究》（广西师范大学出版社，2016.4）、《审美观点的当代实践：艺术评论与策展论述》（台湾艺术家出版，2017.1）等。此外，在对策展的研究中，不少研究者关注到中国博物馆策展人制度的缺失，并提出策展团队对于博物馆展示的必要性。如在《博物馆策展在开发和创建新体验设计上的合作及其行动步骤》一文中，基于 20 世纪 80 年代初 Carolyn Blackmon 在菲尔德博物馆提出的"团队工作法"，作者提出博物馆根据展览的规模、预算和背景，建议由五种倡导者合作策展，其分别为展览机构倡导者、展览主题倡导者、访客体验倡导者、设计倡导者、项目和团队倡导者。文章对每种倡导者的定义、职责、所需技能和行动步骤进行了概述，同时强调各个环节倡导者的合作，从而促使每位倡导者在相应位置适得其所。宋中的《从独立策展人在中国的发展初探博物馆策展人制度》，认为博物馆过去的"三部一室"制度已经无法满足博物馆的发展，而"弹性"策展人制度是更能适应时代的选择。艾琳·卡布米的《当代策展实践中的机构参与及日益重要的伦理作用》论证了伦理如何成为 21 世纪艺术博物馆策展实践中有影响力的一部分，以至于几乎可以简称为"策展伦理"。策展伦理要求博物馆摒弃传统的策展实践并定义研究问题和方法论，同时与艺术家、评论家和公众在互动和相互信任的基础上建立新型关系。并以泰特利物浦美术馆为例，介绍了美术馆通过机构互动的形式，建立起一种由艺术家、设计师和建筑师参与创造的藏品陈列新叙事，并形成和公众联合策展的形式。

在具体展示方式的探索上，冯朔在《"情景再现"在博物馆临时陈列展览中的应用性研究》中指出现代博物馆强调"以人为本"，情感是人性的钥匙，"情景再现"是博物馆临时陈列展览有效地实现情感传达的重要策展方式。陆建松的《博物馆展览辅助展品创作和应用的原则》指出辅助展品是博物馆展示的主要媒介之一，总结了辅助展品的使用原则与误区。严建强在《信息定位型展览：提升中国博物馆品质的契机》中提出了"信息定位型展览"的理念，即将各种展品用主题和故事串联起来，共同叙述器物与文献背后的关于人、自然和社会的故事。渠雨桐的《符号·记忆·共情——博物馆展示中面孔墙的使用》通过对博物馆中面孔墙这一展示手段的讨论提出在博物馆的叙事体系中，个体记忆与集体记忆往往被当成一对矛盾体的潜在问题。表示博物馆为了构筑一个看似庞大的、共有的记忆体系，而舍弃了个体记忆中一些值得发掘的部分，这是得不偿失的，也往往会造成观众认同感的缺失。作者认为博物馆叙事应掌握一种平衡，通过个体记忆与集体记忆的双向构建，使得个体能在其中找到自己的归属感。这些研究成果对博物馆新路线的确立和多元共存空间的构建目标指向了同一个方向，对本次课题多元视角下非遗展示的研究有借鉴意义。

博物馆是一个诞生于西方的概念，但西方对于博物馆展示的研究从严格意义上是自 19 世纪末才开始的。1989 年法国国立自然史博物馆教授 Michel Van Praet 在其发表的《论科学文化中心的多样性和博物馆的特殊性》中，以自然史博物馆的发展为例指出现代博物馆展示是随着库房与展厅的分离而产生的。在此之前，博物馆的展示空间通常是开放的库房。随着展示的逐渐独立与发展，博物馆的研究逐渐转向对展示中信息传递有效与否的关切。1916 年美国波士顿美术馆研究员 B.I.Gilman 在《博物馆的参观疲劳》中通过对观众行为的观察注意到参观的疲倦及展示设计的问题。

　　20 世纪中期后，"展示评量"的方法被提出，展示本身成为研究对象。如 Linn M C 的《博物馆环境中的评量：关注期待》讨论了教育部门该如何通过评估一个展览对公众的教育影响来决定投资对象的问题。Hein G E. 的《博物馆的项目与展示评量》提出了对展示进行评量的必要性，认为展示的评量计划应成为博物馆教育政策的一部分，并阐述了主要的理论方法。在此之后，出现了关于展示类型及结构、展示目标及意图、展示设计等问题的研究。如 Hall M. 的《博物馆展示的设计》以研究展览设计的历史、理念和策略为出发点，介绍了展览设计的各个要素。Marincola 和 Paula 的《是什么成就了伟大的展览》中探讨了团体展览、影像、技术以及建筑等因素如何对展览产生影响。展示作为一个研究对象的成立，为传播理论和沟通过程研究进驻博物馆展示研究提供了先决条件。H.W.Parker 在 1963 年发表的《作为传播体系的博物馆》一文中提出博物馆是一个传播体系，在此基础上，Duncan Cameron 更进一步着手分析展示的传播体系，指出"博物馆的本质在于其为依靠物件以及可呈现现象的非言辞语言的独特沟通媒介"。Garoian C R. 在《博物馆展示》中表示展览是博物馆沟通与传播信息的最重要方式，将博物馆与参观者之间的关系描述为一个对话的过程，博物馆通过公共叙述与参观者的私人叙述之间产生一种互动。这种将博物馆展示视为一种信息载体的观点几乎成为当代对博物馆的共识。此外，McLean K. 在《博物馆展示与多元对话》中指出展示语言不同于研究性的学术语言，虽然博物馆的展示来源于学术研究，但不应把学术的语言转换为一本"立体的学报"，因为展示沟通的模式不同于纯粹性的语言沟通。

本课题所讨论的多元视角下非遗在博物馆的展示所涉及的展示理念的背景是 Eilean Hooper – Greenhill 提出的"后博物馆"（Post-Museum）时代。Eilean Hooper – Greenhill 在《博物馆与视觉文化的诠释》中提出"知识不再是统一的、整体的，而是片段式的、多义的，没有必然的统一观点，取而代之的是呈现一系列的看法、体验和价值观，博物馆的声音只是众多声音中的一种。"后博物馆概念的提出是对多元价值并存的呼吁，是人们从传统的对于物体展示的关注到对过程与物与人之间的关系的关注的转变。博物馆展示理念的转变也对展览实践领域产生了影响，研究的方向开始转向能够在实践中运用的、能够处理知识的多元性和矛盾性的展示方式。美国的 Smithsonian Institution 在 1988 年和 1990 年分别召开了年会，探讨了关于博物馆展示中的权利机制及文化问题。其出版的会议论文集《展览文化：博物馆展示的诗学与政治》与《博物馆与社群：公共文化的政治》研究了许多发人深省的展示实践问题。Steven D. Lavine 在《展览的实践》中指出，博物馆展示实践者应关注"在展览设计中，出现谁的声音"这一问题。当一个策展人通过建立某一种类型的展览，比如对于表现艺术家生涯的独白型陈述，或是自然历史博物馆通过情景再现对"原始人"的生活作出的生态学、社会学上的阐释，这其中所透露出的声音又是谁的？对以上问题的思考促使策展人探索新的展览可能性，比如倾听不同背景的观众的声音并将其反映在设计中，使"一个展览包含超过一种声音，或者一种声音包含超过一种信息"。

在后博物馆时代，展览的目的主要在于为观众提供观看与思考的场所，从而形成观众自己的观点，而不是像传统博物馆一样以一个教育者的姿态，对于多元观点的需求逐渐渗透到当代西方博物馆的运营目标中。此外，Simon 在《参与式博物馆》中提出了"参与"这一概念，"参与"是"对话"观念的延伸，他将参与式的文化机构定义为"一个观众能够围绕其内容进行创作、分享并与他人交流的场所。创作是指观众将自己的想法、物品和富有创意的表达贡献给馆方并传递给他人。分享是指人们在参观过程中讨论、重新建构自己的所见所闻，并在回家之后仍有所收获。交流是指观众能与工作人员以及其他观众进行社交，分享自己的兴趣和体悟。围绕其内容是指观众的交流内容和创意表达都要针对官方自身的物证与信念。"

3. 博物馆的非物质文化遗产展示实践

在非遗与博物馆的相互影响上，相关的研究认为，非遗在博物馆中的展示是博物馆在当代文化转向的表现。同时，非遗与博物馆"非传统"的展示关系也促进了后博物馆理念的诞生。但两者在展示关系中仍然存在许多不可调和的矛盾。如：宋向光在《无形文化遗产对中国博物馆工作的影响》中提出传统的博物馆工作理念、工作方式和社会认知对于无形文化遗产的展示会产生负面影响，开展非物质文化遗产保护的博物馆应运用人类学、社会学的理论和方法记录、研究、表达社会现象与过程。杨敏在《当代博物馆非物质文化遗产展示刍议》中就非遗在博物馆展示中存在的局限性加以说明，认为脱离遗产原生环境、受展馆空间的时间限制、展示受人为干预、虚拟博物馆不能满足非遗活态性特征等都是需要注意的问题。此外，杨红在《非物质文化遗产展示与传播前沿》中提出了博物馆与非遗之间隐藏的两个矛盾：博物馆的权威性与"商品性"的对抗，但是非遗的部分项目本身具有商品性，这与博物馆对抗文化商品化的姿态产生了矛盾。

在非遗的展示中，存在民族历史证物与象征物在传播需求与功能上的差异。也就是说非遗相关的实物资料中不乏"民族历史证物"，但它们不具有象征物的传播功能。同时，非遗的藏品范畴中，缺乏所谓重量级的"象征物"。因此，在非遗拥有与适于展示上并不对等。《博物馆和非物质遗产：文化死了还是活了》一文，强调了博物馆由精英主义、阶级偏见向多元文化发展的趋势，以及博物馆的展示应与当代人的精神、生活联系在一起。《博物馆与非物质遗产："非常规"关系的动态》一文指出，"非物质文化遗产"概念的提出对于博物馆来说其意义是承认文化形成过程与文化实践是值得在博物馆中保存和展示的，其中展示是对生活文化的表达。这种对于博物馆来说的"非传统"的展示关系促进了后博物馆理念的诞生，从而在博物馆的展示领域中加入了生活文化的元素。

在博物馆的非遗项目展示方法研究中，目前的研究成果多从非物质文化遗产的非物质性和活态性特征出发，探讨了一些有针对性的技术和方法。相关研究成果包括：陈亚萍在《浅谈非物质文化遗产的博物馆展示——以浙江省博物馆新馆陈列为例》认为应突破展柜、以信息抱团的构造装置来展示遗产。张弘在《非物质文化遗产在博物馆中的展示研究》中，强调注重数字技术与多媒体技术等多种介质的综合，动态展示、多感官综合调动。王娅蕊在《博物馆非物质文化遗产展示小议》中提出非遗在博物馆展示的六种方式：活态、还原文化环境、体现过程、有深度的讲解、互动体验和富有文化元素的衍生品。杨兆麟在《非物质文化遗产在博物馆的陈列展示——西双版纳勐泐博物馆陈列随想》中表示，要室内室外结合体验、复原与陌生化双重手法、Agent模型与叙事性表现技术等，这些展示方法都在将观众所接受的信息传递方式由仅仅被动获取向主动的信息反馈及验证转变。尹静的《博物馆体验式展示设计在非物质文化遗产保护中的研究》认为，博物馆中的体验式展示设计应从参观者的角度出发，努力使参观者与展品的交流互动处于循环之中，形成"展品信息→参观者接收→反馈给展品→展品给出反馈→参观者"的循环。参观者作为信息的接受者，在这一过程中也会把自己的态度和观点等反馈给博物馆，最终也应该由参观者通过多次反馈的结果判断自己是否真正掌握了展品的内涵，只有当这个信息传递的过程完整了，体验设计的效果才能达到。此外，作者提出在参观者进行体验之前应对其进行必要的知识教育，在有一定的知识储备基础上的体验活动才更能刺激参与者的参与兴趣，引发更多的思考。白建松的《非物质文化遗产内容的博物馆数字化展示模式与产业化研究》主张结合移动通信与增强现实技术，建立起一套非遗内容在博物馆的数字化展示模式。陈禹熹的《展馆空间中非物质文化遗产展示的"情景还原"》提出了"情景还原"不是完全的复原非物质文化遗产所存在的自然景物、文化场所和工艺工序，而是通过对所展示的非物质文化遗产自身特点、富含的文化信息的提炼和梳理来抓住其"神"，从而引发观众情感的参与和丰富的联想，在观众的精神世界中完成多维度的"情景的还原"。毛晶晶的《基于系统性认知的非物质文化遗产主题展示设计研究》从文化系统理论出发，提出了系统性展示的认知思路，将非物质文化遗产分为外在的表现形式及内在的信息这两个层面，并提出对内在信息的把握有助于保证非遗展示在规划上的合理性。《民俗类非物质文化遗产展示的逻辑性研究》为民俗类非遗项目的展示思路提供了三个方向：其一，从叙事逻辑方面对展览的大纲进行梳理；其二，从图像学的角度构建展示逻辑；其三，从展示设计风格入手构建其展示逻辑。关山的《非物质文化遗产展示空间设计策略研究》以非物质文化遗产展示空间作为主要研究对象，探讨如何利用博物馆展示来保护传承非物质文化遗产，依据非物质文化遗产展示设计的原则，提出了非物质文化遗产展示空间设计的三个策略：营造活态的展示空间展现其活态性，塑造地域的情境空间体现其地域性，以及创造参与的互动空间实现其传承性。

　　针对非遗项目在博物馆展示的具体案例研究包括：张娜娜的《表演类非遗项目的展陈研究》基于表演类非遗项目的本体特征，提炼出项目的"声""形""情"要素，在此基础上总结了静态与动态、实景与虚景、二维与多维、陈列与互动、观览与感受等内容相互结合的多种展陈形式。探讨了全息投影，动态追踪等多媒体科技手段对"无形"内容进行活态展示，以及"可听""可视""可感"的常态化活态展陈的可行性，为表演类非物质文化遗产展陈提供可操作性的参考。郭领的《传统医药类文化遗产的博物馆展示研究》强调了传统医药类非遗项目在展示时的安全性问题，并指出要充分了解社会发展需求，展示与民众需求相匹配的内容。朱悦箫的《南京博物院民国馆展示方式分析——利用城市设计的分析方法》用城市设计分析法对南京博物院民国馆进行了分析，该馆是位于传统博物馆建筑空间内部的、具有城市街道空间、城市生活属性的动态展示空间，是实现文物展示、情景再现、观众互动等多因素合一的展示方式的生动案例。张鑫的《"非遗"活态化展示设计研究——以"徽州三雕"展示实践为例》针对具体的"非遗"案例的活态化展示进行理论研究，指出了个案中的传统展示在观念和形式上的不合理，并借鉴世博会的相关展示方法，得出了具体的非遗活态化展示策略。如：非遗的活态化展示需要通过整体演绎体现内容性；需要通过表现语言体现场域精神；需要通过软和空间体现多维度展演；需要通过多元化诱导体现吸入式体验。贺诚的《传承与活化——湖北"非遗"传习所展示空间设计探讨》介绍了湖北"非遗"传习所展示空间的叙事手法、美学意趣、体验性设计、活态化设计等方面，是较为具体的非遗展陈设计资料。

这些研究说明当前已经开始了对非物质文化遗产展示的研究，而目前的研究成果多集中在实践型、个案的研究上，但非遗的展示既要对非遗内部的类目与各种门类进行了解，又要进行策展规划、展示理念与伦理等相关方面的研究。显而易见，目前此方面较为全面且结构化的学术研究仍尚待推进与深入，本书正是在此基础上从总体的、跨学科的、综合性的视角上展开对非遗展示问题的研究。

4. 展示叙事研究

非物质文化遗产由于其活态性特征，对其而言传统博物馆展陈方式和叙事逻辑相对显得单一且中心化，因而必须针对非物质文化遗产的特性，拓展其展示方式并有效展开多样化和多层级的叙事结构。本文试图将叙事学作为一个有效的工具，来细致地分析非遗展陈中需要注意的各种要素及其关系，并探讨叙事学如何介入博物馆的非物质文化遗产展示设计中。叙事学作为研究文学范畴的理论，出现于 20 世纪 60 年代的法国，之后被广泛应用于文学研究之外的其他领域，90 年代延伸至博物馆学领域。在叙事理论层面，本文主要参考了国外学者热拉尔·热奈特《叙事话语、新叙事话语》、西摩·查特曼《故事与话语：小说和电影的叙事结构》、杰拉德·普林斯《叙事学：叙事的形式与功能》、罗伯特·凯洛格《叙事的本质》以及中国学者龙迪勇的《空间叙事学》，这几本著作为本文的写作提供了理论层面的依据。

通过阅读国内外相关文献书籍发现，台湾学者张婉真的《当代博物馆展览的叙事转向》首先从"叙事"这一概念出发，分析其作为一种文化理解方式的意义，然后分别从"展览的元叙事""展览的叙事"这两方面讨论展览中叙事的可能性；接着分别从"限制与变化""真实与虚构""阅读与接受"这几对对立的概念中深入探讨展览叙事。这篇论文提供了一种从本源概念重新入手，阶梯式地得出展览叙事这一概念的可行性，并结合具体案例来分析。李德庚的《流动的博物馆》中以 20 世纪 90 年代提出的"后博物馆"概念与现今的"泛博物馆"现象为背景，由此引出博物馆展览近年来的两个值得注意的主要变化：叙事性的增强和与现实生活之间的交融，所以论述的重点集中在了与此两种变化相关的展览叙事的结构与形态上。

张书淼的《叙事学视角下博物馆展示体验设计研究》从叙事学和博物馆展示这两个研究体系的发展现状与相互融合的这一切入点出发，将叙事学理论应用于博物馆展示，并进一步对博物馆展示进行叙事学解构，分析这两个体系在基本要素、时间序列、表达结构和展开视角之间的相互对应关系。费扬的《非物质文化遗产在博物馆中的阐述与表达》从非物质文化遗产所具备的时间性因素入手，分析了非物质文化遗产对博物馆阐释所提出的问题与挑战和相应的策略，然后从博物馆环境、展示设计和延伸活动这三个维度讨论了非物质文化遗产在博物馆展示的阐释系统的建构。

许捷的《叙事展览的结构与建构研究》中认为展览作为一种叙事媒介，与小说、电影的媒介性相比，在空间形态、强制性、真实性这些方面具有其自身特点。并且没有局限在叙事这一单独的展览形式上，而是分析比较了叙事和分类这两大类博物馆的展示架构范式，两者之间并非泾渭分明，而是相互渗透，对时间轴的组织与否则是判断两者区别的主要依据，并在最后得出结论，认为叙事相对分类这一展示方式，更有可能成为博物馆建构意义网络的新希望。张晓晴的《博物馆"叙事性"展示设计探讨》以历史类博物馆为研究对象，为博物馆的策展团队提供新的视角。

以上研究内容，除了张婉真的《当代博物馆展览的叙事转向》中有对展览叙事这一概念做出比较翔实的解释，从叙事本身出发一步步导向博物馆叙事，其余几乎没有真正地涉及这一概念本身，而是直接拿来进行分析研究，缺乏可信度，其中一些关于展示叙事的研究将叙事学简单理解为"讲故事"，也就是如何通过一条展览线路将展览主旨讲清楚的问题，其并未意识到将叙事学作为有效的分析框架，去研究非遗展陈中从规划到各种要素和关系的处理和布局，乃至最终的展览呈现问题。即使是张婉真的《当代博物馆展览的叙事转向》，也只是针对普遍意义上的博物馆展示，虽有例子支撑，但都还不是非物质文化遗产的相关展示。由此可见，对非物质文化遗产的叙事展示的相关研究尚显不足，而本文期望在这一课题上能有更为深入的探讨。

第一章　非遗的现代起源及其含义

从本质上来看，非遗是以农业为基础的文明与以工业为基础的文明之间冲突、对抗的结果。在传统社会中，人们所有的生活方式、文化活动都基于农业社会低下的生产力与生产关系，因此，人力劳动在当时的生产生活中占据主要地位。然而，随着工业革命的到来，生产力发生了翻天覆地的变化，原有的生产方式被高产量、低成本的机械生产所取代，手工生产逐渐失去优势，导致传统的生活方式与文化活动失去了赖以生存的土壤而在现代社会中处于四面楚歌的尴尬境地。面对曾经充满温情与惯性的传统生活，人类在与其挥手告别的同时，也逐渐意识到了它对于生活在现代社会的人类的独特价值，因而开始逐渐对传统社会的文化遗存有了保护的意识。

人类最初将文化遗存视为与财富一样被法律确认并保护的概念的契机，是与法国大革命有关。当时巴黎所有与皇室有关的建筑物及文化遗物都遭到了革命共和军肆无忌惮的破坏，为了制止这一行为，共和政府提出了"patrimoine"一词。这一词汇所表示的是司法概念，指的是有艺术价值或历史价值的遗物，并由法律规定进行如何保护。20 世纪中期，埃及在尼罗河上建造了阿斯旺水坝，该项目对努比亚地区的古代遗址造成了严重的威胁。为此，在联合国教科文组织的倡议下，开展了"国际保护运动"，为护卫这些遗产，联合国强调了"人类共同的遗产"与"人类分担保护这些遗产的责任"，以促进各国对遗产保护的团结。直到 1972 年，教科文组织正式通过了《保护世界文化和自然遗产公约》[1]（国际通用简称《世界遗产公约》），明确规定"部分文化或自然遗产具有突出的重要性，因而需作为全人类的世界遗产的一部分加以保护"。《世界遗产公约》制定的初衷是为了增强遗产保护工作中世界各国间的相互关系，并将遗产保护对象分为自然遗产与文化遗产两个部分，带动相关国家的人民对遗产开展保护。公约定义的文化遗产包括如下内容。

文物：从历史、艺术或科学角度看，具有突出的普遍价值的建筑物、碑雕和碑画、具有考古性质成分或结构，铭文、窟洞以及联合体；

建筑群：从历史、艺术或科学角度看在建筑式样、分布均匀或与环境景色结合方面具有突出的普遍价值的单立或连接的建筑群；

---

[1]《保护世界文化和自然遗产公约》联合国教科文组织 1972 年 1 月 16 日通过，见《联合国教科文组织保护世界文化公约选编》，法律出版社 2006 年版，第 35—47 页。

遗址：从历史、审美、人种学或人类学角度看具有突出的普遍价值的人类工程或自然与人联合工程以及考古地址等地方。①

从以上对文物、建筑群、遗址的类别及阐释可发现，这里所定义的文化遗产主要针对的是物质文化遗产。除此之外，教科文组织为各缔约国建制的世界遗产名录申报指南中明确规定：但凡申请提名《世界遗产名录》的文化遗产项目，必须符合下列标准：

（1）代表一种独特的艺术成就，一种创造性的天才杰作；

（2）能在一定时期内或世界某一文化区域内，对建筑艺术、纪念物艺术、城镇规划或景观设计方面的发展产生大影响；

（3）能为一种已消逝的文明或文化传统提供一种独特的至少是特殊的见证；

（4）可作为一种建筑或建筑群或景观的杰出范例，展示出人类历史上一个（或几个）重要阶段；

（5）可作为传统的人类居住地或使用地的杰出范例，代表一种（或几种）文化，尤其在不可逆转之变化的影响下变得易于损坏，与具特殊普遍意义的事件或现行传统或思想或信仰或文学艺术作品

---

① 引自联合国教科文组织公布的《保护世界文化与自然遗产公约》中文版，第一条。

有直接或实质的联系。①

以上申请标准中，"独特的艺术成就""创造性的天才杰作""文明或文化传统的特殊见证""与思想或信仰或文学艺术作品有联系"等内容都指向相关的文物、遗产、建筑群所包含的"非物质"文化或艺术的价值评判标准。②换句话说，人类保护的是物质形态下的文化遗产，但是通过物质所包含的历史、艺术与思想等非物质形态的价值来确认或定义文化遗产的价值。文化遗产的价值并不仅仅在于其物本身，更包含了其所拥有的文化意义。由此可见，《世界遗产公约》为非物质文化遗产概念的确立开创了理念先河，从中可以预见人类社会从对物质文化遗产的保护到对非物质文化的关注是一种发展的必然。

"非物质文化遗产"的概念的产生受到了日本政府于 1950 年颁布的《文化财产保护法》启发，该保护法中以法律的形式明确了"无形文化财"这一概念，与其相对应的是"有形文化财"。"无形文化财"指的是在日本的历史、艺术等方向上具有较高价值的戏曲、音乐、工技艺术及其他无形的文化承载单位。韩国从 19 世纪60 年代开始，也使用了"无形文化财"一词，依法实施对民族及民间文化遗产的保护。正因为日本与韩国对"无形文化财"一词的使

---

① 乌丙安：《非物质文化遗产的界定和认定的若干理论与实践问题》，《河南教育学院学报（哲学社会科学版）》2007 年第 1 期，第 11-21 页。

② 乌丙安：《非物质文化遗产的界定和认定的若干理论与实践问题》，《河南教育学院学报（哲学社会科学版）》2007 年第 1 期，第 11-21 页。

用，教科文组织将两国的"无形的"概念引入联合国的官方用语，正式采用 Intangible 这一术语。但就"无形文化财"的定义而言，仍存在一定局限，比如说它所包含的范围还相对比较狭隘，并没有将口头艺术、语言文化、民俗表演等非物质文化形式纳入在内。

1989 年 11 月，联合国教科文组织在法国巴黎召开了第 25 届大会，会上通过了《关于保护传统文化与民间创作（或民间文化）建议案》[①]，提出了"民间传统文化"（或民间文化）的概念，这一概念主要用来指代"非物质文化遗产"。建议案还在最后章节中指出有关促进国际合作的条例中明确要求会员国要尤其关注那些民间团体具有象征性及精神价值的"非物质遗产"。这是"非物质文化遗产"首次被纳入国际法的保护范畴。在建议书中，"民间创作"所对应的"非物质文化遗产"的概念包括了语言、文学、音乐、舞蹈、游戏、神话、礼仪、习惯、手工艺、建筑以及其他艺术形式。[②]该建议书以遗产的角度来定义"民间创作"，摆脱了"财产"的局限性，使其外延进一步扩大。

而"非物质文化遗产"概念的正式提出是在 1998 年，联合国教科文组织在第 154 次会议中指出，"口头遗产"和"非物质遗产"是不可分的，因此在此后的定义中，"口头遗产"的后面加上了

---

① 《保护民间创作建议案》联合国教科文组织 1989 年 11 月 15 日通过。见《联合国教科文组织人类口头和非物质遗产代表作申报指南》，文化艺术出版社 2005 年版，第 3–38 页。
② 《保护民间创作建议案》联合国教科文组织 1989 年 11 月 15 日通过。见《联合国教科文组织人类口头和非物质遗产代表作申报指南》，文化艺术出版社 2005 年版，第 3–38 页。

"非物质"的限定。于是，1998年联合国教科文组织公布了《人类口头和非物质遗产代表作条例》①，正式提出了"非物质文化遗产"的概念，也可翻译为"无形文化遗产"。其中对于"口头和非物质遗产"的定义包括："来自某一文化社区的全部创作，这些创作以传统为依据、由某一群体或一些个体所表达并被认为是符合社区期望的作为其文化和社会特性的表达形式；其准则和价值通过模仿或其他方式口头相传。它的形式包括：语言、文学、音乐、舞蹈、游戏、神话、礼仪、习惯、手工艺、建筑术及其他艺术"。②此外，在"民间传统文化"的基础上增加了传统形式的传播和信息，强调了社区的作用与价值。

由此可以看出，关于文化遗产的保护已从小范围的自发性活动扩展到全球性的大规模协作活动，从对物质文化的保护扩展到对非物质文化的保护。人类文明的发展由一种文明战胜另一种文明的单一发展模式，到不同文化与种族之间的共存与相互尊重，也标志着人类对不同文明的理解与包容进入一个新的阶段。

2001年，联合国教科文组织在法国巴黎举行了第31届大会，在大会通过的《世界文化多样性宣言》中，重申应将文化视为某个社会或某个社会群体特有的精神与物质，以及智力与情感等各方面

---

① 《人类口头和非物质遗产代表作条例》联合国教科文组织1998年11月通过。见《联合国教科文组织人类口头和非物质遗产代表作申报指南》，文化艺术出版社2005年版，第26—30页。
② 《人类口头和非物质遗产代表作条例》联合国教科文组织1998年11月通过。见《联合国教科文组织人类口头和非物质遗产代表作申报指南》，文化艺术出版社2005年版，第26—30页。

的总和。除了文学和艺术之外，文化还包括生活方式、共处方式、价值观体系、传统和信仰等。[①]至此，非物质文化遗产的概念被再次扩大。直到 2003 年 10 月，在联合国教科文组织的第 32 届大会中正式通过了《保护非物质文化遗产公约》，公约对非物质文化遗产的定义做了相关补充，指出："非物质文化遗产指被各社区、群体、有时是个人，视为其文化遗产组成部分的各种社会实践、观念表述、表现形式、知识、技能以及相关的工具、实物、手工艺品和文化场所"，其范围包括口头传统和表演形式，包括作为非物质文化遗产媒介的语言；表演艺术；社会实践、仪式、节庆活动；有关自然界和宇宙知识和实践；传统手工技能以及与上述表现形式相关的文化空间等。"[②]直到这次公约的颁布，"非物质文化遗产"（The Intangible Heritage）的概念才被基本规范下来。

然而，对于这一概念的界定，起初仍存在着许多模糊的地带。其中物质与非物质关系的混淆就是一个主要的问题。此前，不论是国内还是国外学术界几乎都把"在讲述、表演、实施这些技艺与技能过程中所使用的各种工具、实物、制成品"列入非物质文化遗产之列。这将直接造成我们无法在概念上区分物质文化遗产与非物质文化遗产。

---

① 《世界文化多样性宣言》，《民族文化与全球化研讨会资料专辑》，中国民族学会 2003 年，第 3 页。
② 《保护非物质文化遗产公约》，《中国文物修复通讯》，2004 年第 23 期，第 5 页。

要深刻理解非物质文化遗产，首先要理解非物质文化遗产中的"物质性"与"非物质性"的区别。需要明确的是，"物质性"与"非物质性"并非两个截然对立的概念，而是同一概念的两个方面。非物质文化遗产中存在物质性的方面，物质文化遗产中也存在着非物质性的方面。对于非物质文化来说，物质性是精神、技艺与观念的载体；对于物质文化来说，非物质性是衡量其价值的尺度，是"文象背后的文脉"。因此，在非物质文化的展示中，并不反对"物质化"的展示，但并非以"物"为展示的中心，而是要衡量在物这一载体中被承载的技艺、精神、观念是否被原汁原味地展现出来。这也是非物质文化遗产在现代博物馆制度的展示中未能解决的困境之一。

其次，非物质文化遗产的非物质性决定了它的存在必须依附于传承人。换句话说，非物质文化遗产的濒危实际上就是传承人面临断代，因此，非物质文化遗产保护与展示所围绕的中心是对传承人的保护以及对传承人技艺、观念与精神的展示。

再次，非遗发展的历史并非是线性发展的进步史，而是在传承发展中不断地迭代更新，在历史的流变中始终保持着某种恒定不变的内容，这是其"本真性"的部分，同时，又不断吸收新的智慧与创意，这是其"活态性"的体现。因此，对于现代社会的非遗保护与展示来说，也是在保留其传统的"本真性"的基础上，参与其"活态性"的创造。

最后，与物质文化遗产不同，在非物质文化遗产的展示中，对于"非物质性"的展示往往只能做到片段化的展示，从价值传播来看，非遗的展示是对非遗传承的一种间接保护，但从另一方面来说，也是一种对非遗的误解，这是目前非遗展示所面对的不可调和的两难。此外，对于教科文组织颁布的"The Intangible Heritage"这一概念，中国直译为"非物质文化遗产"。这个翻译也在存在着一定程度的不准确性。"遗产"（Heritage）一词源于拉丁语，指的是"公民死亡时遗留下来的个人合法财产"。① 对于很多非物质文化遗产来说的确已在现代生活中被工业品替代成为远去的历史遗产，但仍然有很多传统技艺或文化内容因其独特的价值而继续在现代社会中迭代更新，这样的非物质文化不曾经历死亡便无"遗产"一说，从这点上来看，或许用"无形文化财"来翻译更为贴切。最后，非物质文化遗产对于现代社会的历史、情感、文化与精神等价值的判断是我们对非物质文化遗产概念理解的另一重要方面，这也是现代社会人们继续保护与传承非物质文化遗产的理由以及非遗展示的精髓。因此，对非遗概念的深入理解与挖掘仍然是非遗保护与展示的前提。

①《辞海》，上海辞书出版社1999年版，第3004页。

第一节　全球化与现代性视野中的非遗问题

从 1972 年《保护世界文化和自然遗产公约》中开始提出文化遗产概念，到 1989 年的《保护传统文化与民俗的建议案》，再经历 1998 年的《人类口头和非物质遗产代表作条例》，最终到 2003 年《保护非物质文化遗产公约》正式出台，非物质文化遗产保护前后历经了 30 年，从宣扬西方文明的普世观到今天倡导文化多元性的转变，这其中意味着文化的何种改变？需要重回当时的文化语境探索。

"全球化"从空间上理解即表示整个地球、世界范围内的普遍化。其范围包活政治、经济、文化、科技等全方位多层次的整合。其中，文化全球化是全球化的一个组成部分，它以经济全球化为依托，走出原有的文化环境，在全球范围内快速流通，一方面它加速了信息的交流，促使文化快速地更新换代；另一方面，它也使文化霸权主义与文化同质化问题日益严峻。

就二战所依赖的全球政治发展格局来看，呈现出以美国为核心的全球秩序的重组以及发展理念的实施。20 世纪 80 年代到 90 年代冷战导致苏联集团的崩溃，从工业社会到后工业社会信息技术的发展，世界范围内的跨国生产以及贸易、金融体系的形成，整个世界的经济形态逐渐进入一个崭新的格局。这一时期，美国学者福山在他的作品《历史的终结及最后之人》中指出，随着冷战的结束，以美国为主导的自由、民主、人权等价值观念逐渐成为世界的普遍价值，也意味着这是人类意识形态发展的最终结果。[1]冷战的结束标示着民主政治的时代到来。这一时期所形成的全球化体系是以美国为核心的政治、经济体制，也是美国文化输出的全球化时代，即全球化相当于美国化。

政治、经济上的霸主地位决定了以美国为主导的西方普世主义价值观视野下的西方文化、消费主义文化对非主流文化越来越严重的文化霸权现象，越来越多的文化、技艺在主流文化的强势进攻下面临濒危，进入"遗产保护"的范畴。在此过程中，对弱势文化影响最大的是主流文化对其文化主体的自觉性与认同意识的削弱。所谓文化自觉，指的是生活在一定文化历史圈子的人对本民族文化有正确的自我认识，并对本族文化的发展历程和未来有充分的认识。[2]面对主流文化自觉与不自觉的轻视，处于边缘地位的文化被视为"原始落后"的文化，并导致这部分文化的文化主体逐渐丧失了自尊和自信，甚至嫌弃本族的文化，在意识上赞成主流文化的歧视，认同本土文化落伍、卑微，从而形成对本土文化的排斥，并在实际行为中主动向主流文化倾斜，最终将导致本民族文化面临失传的危机。

非物质文化遗产是一个国家传承百年的文化精华，是一个国家历史发展的缩影，是保持民族性和文化独特性，树立一国文化身份的关键所在。因此，对非遗及其传承人的保护是抵抗全球化浪潮下

---

① 福山：《历史的终结及最后之人》，黄胜强等译，中国社会科学出版社 2003 年版。
② 费孝通：《论人类学与文化自觉》，华夏出版社 2004 年版，第 176 页。

文化同质化及文化霸权主义的重中之重。

非遗产生的另一个时代背景是传统文化与现代文明之间的冲突。首先表现为两者之间价值的冲突。现代性萌芽于 15 世纪，到了 17 世纪启蒙运动在欧洲蔓延，随着 18 世纪中工业革命的展开，现代技术迅猛发展，西方各主要资本主义国家先后通过工业革命以机器生产代替手工劳动，实现社会财富的激增，逐渐形成了一个强大的物性现代世界，人类开始进入工业文明时代，其主要思想围绕着对理性和科学的肯定，从意识形态上颠覆了传统社会以地方性知识为基本单位的价值体系，主张人类应该通过理性走向文明，通过科学驱散愚昧与黑暗，最终创造一个理想的乌托邦。

不可否认，现代性在一定范围内打破了传统社会秩序中对人性的束缚，将人类从繁重的体力劳动中解放出来，为社会带来了新的生活面貌与自由平等的精神。马克思曾在《共产党宣言》中提到："资产阶级在它的不到一百年的阶级统治中所创造的生产力，比过去一切世代创造的全部生产力还要多，还要大。自然力的征服，机器的采用，化学在工业和农业中的应用，轮船的行驶，铁路的通行，电报的使用，整个大陆的开垦，河川的通航，仿佛用法术从地下呼唤出来的大量人口，过去哪一个世纪料想到在社会劳动里蕴藏有这样的生产力呢？"[①] 可见，工业革命所带来的现代文明因其所崇尚的

---

① 中共中央马克思恩格斯列宁斯大林著作编译局编译：《马克思恩格斯全集》，人民出版社 2014 年版，第 210 页。

理性与科学在人类的发展中释放出前所未有的生产力，为相对"匮乏"的传统社会带来了物质实惠。单从经济与生活上发生的变革来看，现代文明在一段时期内是有其人道主义的必然性与合理性的。

然而，也正因为现代文明对理性与科学的极端崇拜以及其对"进步论"的强调，其所带来的消极面也在现代社会的进一步发展中逐步显现。一方面，现代文明的变革意味着支撑传统文化的原始生态环境的逐步瓦解。包括相对落后的生产力和生活条件、封闭的文化地理空间、分工形式单一的社会组织、悠久的文化传统及生活方式、民俗节令活动以及图腾信仰等。另一方面，对于现代文化来说，传统文化是落后的、蒙昧的，在现代文化极具挑战、反驳的姿态下，传统文化结构迅速被理性与科学所构建出的同一的乌托邦世界所取代。现代文明以理性的意志来规范普遍的真理，以现代价值标准化的普世方式来抹杀不同文明之间的差异性，并将其视之为"文明进步论"，以科学的理性颠覆了对于宗教的神性想象，以"人类中心主义"将人与自然的关系对立起来，历史、传统、自然在现代文明的侵蚀下变得薄弱。当民众在科学的去魅下逐渐淡化了信仰以及现代化的生活方式后，以往的民俗习惯、文化与观念，传统文化等将随着文化主体的流失而逐渐成为濒临灭绝的"遗产"。

除此之外，现代工业体系在经济上遵循的"工具理性"理性原则，表现为实用的能效主义，即以最小成本获取最大利益。传统文化中口传心授，以"隐性知识"为主要内容的传承模式被迅速瓦解，所有的技术都试图打破地域、民族，乃至文化圈的界限，向标准化、同一化的方向发展。在"隐性知识"与"普世知识"的对抗中，后者以低成本、高效率的优势不断挤压着传统文化的生存空间，使之进入"遗产"的行列。这也意味着"理性""利益""欲望"的急剧扩张在不知不觉中抑制了非遗所倚靠的"感性文明"。

当人类的生活逐渐被商品包围，商品作为"物"渐渐获得了一种独立的影响力，工业社会下的"物"反过来塑造了现代人，人被"异化"和"物化"了。在现代情境中，人与人之间的情感与信任不再依赖传统社会的亲缘或地域关系，人与人的直接交流被间接的数字信息、货币交易所取代，人们更多龟缩在私人领域内避免与他人的直接接触，人情的冷漠、倾听与诉说的缺失成为常态。在政治经济生活上，列斐伏尔形容现代人生活在"被消费裹挟的官僚化社会"[1]之中，在消费主义与商品经济的影响下，人逐渐沦为机械的消费者，生活被物质消费于符号化的产品中，人性的心灵与精神却无处安放。[2]在工作中，人的意志逐渐僵化，社会学家鲍曼指出，现代社会欲将人驯化成乖顺的、按部就班的、按照僵化的日程工作的劳动力。"努力工作"成为一种意识层面的霸权，让人们相信只有不断奋斗、最大化自身能力的人才是有价值和值得被认可的．[3]

①Lefebvre H. Everyday Life in the Modern World. New York: Harper & Row, 1971.
②Elden S. Understanding Henri Lefebvre: Theory and the Possible. London: Continuum, 2004.
③Bauman Z. Work, Consumerism and the New Poor. Maidenhead: Open University Press, 2005.

不难看出，现代性所带来的"繁荣"并未与人类的幸福有直接的关系，它所造成的不确定性与"无根性"[①]体验却让人类陷入迷茫与焦虑深渊。正如哲学家胡塞尔所说："在十九世纪后半叶，现代人的整个世界观唯一受实证科学的支配，并且唯一被科学所造成的'繁荣'所迷惑，这种唯一性意味着人们以冷漠的态度避开了对真正的人性具有决定意义的问题。单纯注重事实的科学，造就了单纯注重事实的人。"[②] 这种理性霸权和效益至上的代价就是逐渐将人的情感、精神以及感性需求排除于现代价值体系之外。人逐渐异化为理性的工具，主体性被彻底贬损，在心理反应上显出失落、冷漠、孤寂与茫然。此外，在审美标准上，现代审美在"工具理性"功利主义的影响下表现出趋于成本最小化与利益最大化的功能主义审美倾向。比如，现代文明所推崇的"简约"美，可以说是资本主义的成本节制意识的反应，而这种低成本的"简约"美也在一定程度上符合了工业化大生产的需要以及消费的民主化需求。这与传统文化中对"繁荣"与"装饰"的审美追求形成了对立。传统文化中的美是通过对外界物像及主观意向的抽象而获得的一种和谐的审美体验，是"无目的的合目的性"的，与"物"的功能并无直接的联系，然而其不计成本的生产方式使传统文化的审美观逐渐被现代实用主义、功能主义所遮蔽。

---

① 杨慧琼：《新时期的漂泊叙事和现代性体验》，陕西师范大学出版总社 2012 年版。
② 胡塞尔：《欧洲科学的危机和超越论的现象学》，王炳文译，北京商务印书馆 2001 年版，第 16 页。

对于非物质文化遗产这类濒危的传统文化的保护，其实是对感性文明的救赎，是现代人的一种心理调节机制，与现代社会中的理性文明形成感性的对冲。非遗作为一种文化依托，其审美价值、历史价值与情感价值是现代社会对非遗进行保护的原因。

第二节 机械复制时代的人文主义转向

"人文主义"这个概念目前公认最早是在 1808 年出现的，西方认为，在如何看待自然、人与神的关系上，一直以来形成了以科学、人文主义和宗教为核心的三大理论视角。其中科学以自然为本，人和神次之；人文主义以人为本，自然和神次之；宗教以神为本，自然和人次之。[1] 有西方学者认为，文艺复兴被称为人文主义的第一个世纪，[2] 虽然这一点仍然存在争议，但不可否认的是，文艺复兴是一场在意识层面高度自觉的人文主义运动。当时，科学并没有形成霸主地位，在宗教面前，科学与人文主义尚处于一条战线。

---

[1] Erickson, Paul A.&Murphy, Liam D. A History of Anthropological Theory, New York: Broadview Press, 2008:19.

[2] 参见李广柏《中国历史上的人文主义思潮》，载《华中师范大学学报》2001 年第 4 期；吕立群《维柯诗性观念中的人文主义思想研究》，杭州：浙江大学博士学位论文，2010 年，第 11 页。在是谁最早提出"人文主义"概念这个问题上，李广柏说是尼采曼尔，吕立群说是尼特哈麦，且并没有提到尼采曼尔，还有待进一步考证。另据有关资料介绍，英国史学家布洛克曾提供过有关"人文主义"概念起源的信息，可参考布洛克《西方人文主义传统》，董乐山译，生活·读书·新知三联书店 1997 年版。

随着现代化进程的发展，人们发现工业化与传统文化之间的矛盾愈演愈烈，一度导致了深层次的精神危机，科学与人文主义的对立成为现实。其根本原因在于科学的研究对象是自然宇宙，机械化的大量生产只停留在浅层的造物层面，而人文主义的研究对象只是人，包括人的存在、认识、自我实现以及关怀。面对自然科学占主导地位的时代，科技消解了传统文化赖以生存的精神世界，理性主义、消费主义在意识形态层面抛弃了文化性与历史性的根基，否定了传统文化中"口传心授"的传承方式，割裂了人与人、人与自然、人与技术的共生关系，最终导致了科学与人文主义的对立，在实证主义的光环中人文主义则略显暗淡。

在此背景下，人们对科学理论盲目崇拜的狂热中逐渐冷静，开始回望曾经被人文光辉普照的感性世界。"人文主义"的呼声渐响，人的精神、灵魂再次回到人类关注的视野。其中，比较有影响力的是美国著名社会学家、思想家丹尼尔·贝尔。他在1962年波士顿的一次技术与社会变革的座谈会上提出了"后工业社会"概念，这一概念相对于自然社会、工业社会，是针对发展的生产力以及工业社会下造成的消极影响而做出有关社会形态的修正的。他于1973年在他的著作《后工业社会的来临》中详细阐释了后工业社会的概念以及它将会产生的社会变革。他在导言中提出："后工业社会这个概念是有关西方社会社会结构变化的一种社会预测。"①他认为工业社会以机器技术为基础，后工业社会是由知识技术形成的。资本与劳动是工业社会的主要结构特征，信息和知识则是后工业社会的主要结构特征。②后工业社会的概念主要从五个方面来解释："经济方面：从产品生产经济转变为服务性经济；职业分布：专业与技术人员阶级处于主导地位；中轴原理：理论知识处于中心地位，它是社会革新与制定政策的源泉；未来的方向：控制技术发展，对技术进行鉴定；制定决策：创造新的'智能技术'。"③与丹尼尔·贝尔同一时期的西方学术界还有很多类似的呼声，许多在贝尔的影响下采用了"后……"的前缀，表示一个旧时代的结束和新的开始。如拉尔夫·达伦道夫提出的"后资本主义社会"；乔治·利息特海姆提出的"后资产阶级社会"；阿米泰·艾特齐奥尼的"后现代社会"；肯尼斯·博尔丁提出的"后文明社会"等等。这些对未来的预测都基于人与科技的关系及社会的转型趋势。关于贝尔对后工业社会的预测，现在看来已基本实现。包括他认为在 1973 年以后的 30 到 50 年，社会将以信息化、智能化、小型化、个性化的生产组织方式取代工业化大生产的方式，成为主流。社会将会成为一个

---

① [美] 丹尼尔·贝尔：《后工业社会的来临》，高铦、王宏周、魏章玲译，商务印书馆 1984 年版，第 14 页。

② [美] 丹尼尔·贝尔：《后工业社会的来临》，高铦、王宏周、魏章玲译，商务印书馆 1984 年版，第 9 页。

③ [美] 丹尼尔·贝尔：《后工业社会的来临》，高铦、王宏周、魏章玲译，商务印书馆 1984 年版，第 14 页。

"服务业社会""信息社会""知识社会"; "后工业社会的特点不再是劳动价值论, 而是知识价值论"。[①] 同时, 他认为后工业社会不仅发生在资本主义社会也发生在社会主义社会。"[②] 如今他的这一预言已在许多国家得到了印证。如, 中国在 19 世纪 90 年代的工人人数大概在 10 万人, 在辛亥革命前夕迅速发展到 50 万至 60 万人。而 1912–1919 年间的中国近代产业使中国工人的数量膨胀到约 150 万到 200 万人。其中, 工人的主要群体都聚集在上海、广州、天津、香港等大城市。[③] 这期间, 大量农村人口涌入城市, 他们 "主要不是被工业吸收, 而是被第三产业部门所吸收", [④] 即丹尼尔·贝尔所提到的服务业。由此可见, 中国已在整体上完成了现代性的改造, 呈现出丹尼尔·贝尔所描述的后工业社会特征, 开始迎接智能技术与服务经济的时代。

此外, 在他的另一本著作《资本主义的文化矛盾》一书中可以看到丹尼尔提出的关于人文主义对前工业时代修复的观点。他认为, 现代文脉的 "大亵渎" 之后必有一个 "大修复", 可持续发展的生态和文脉将在后工业社会的发展中得到修复。在后工业社会

---

① ［美］丹尼尔·贝尔:《后工业社会的来临》, 高铦、王宏周、魏章玲译, 商务印书馆 1984 年版, 第 10 页。

② ［美］丹尼尔·贝尔:《后工业社会的来临》, 高铦、王宏周、魏章玲译, 商务印书馆, 1984 年, 第 131 页。

③ 赵亲:《辛亥革命前后的中国工人运动》, 中国近代史论文集. 中华书局 1979 年版, 第 1047、1049、1066 页。

④ 乐正《近代城市发展的主题与中国模式》,《成长中的新一代史学 下册》. 陕西人民教育出版社, 1995 年版, 第 505 页。

中，"我们的技术文明不仅是一场生产革命，而且是一场感觉的革命。"[1] 这也意味着，在后工业社会中，产品的技术与功能问题已经得到了普遍的解决，人们在获得了功能价值后，对审美的结果与审美体验的要求也与日俱增。这将促使商品不仅要具有"物"性，还应具有一种与人的感性体验或审美体验相关联的非物质性。此外，他还在书中写道："现代主义的真正问题是信仰问题。它就是一种精神危机……人们企望从文学艺术中寻求刺激和意义，以此顶替宗教的作用。这种努力已使现代主义变成了当今的文化模式。然而现代主义也已衰竭……假如世俗的意义系统已被证明是虚幻，那么人依靠什么来把握现实呢？我在此提出一个冒险的答案——即西方社会将重新向着某种宗教观念回归。"[2] 而这种崇拜或新宗教应适当保留一些传统宗教中的敬畏之心以及对现代人自我中心主义的怀疑与克制的态度等。在功能上，它应当成为"人对其生存总模式的感知方式"（法国社会学家杜尔凯姆意见），能够具有"将日常经验加以认可和裁判的更高权威"（美国文化人类学家吉尔茨语），以及帮助儿子"寻觅和验证自己同父亲血缘关系"的心理环扣（哈佛心理学教授艾瑞克森有关文化传统的论点）。[3] 由此可以看出，

---

[1]［美］丹尼尔·贝尔：《资本主义的文化矛盾》，赵一凡、蒲隆、任晓晋译，生活·读书·新知三联书店1992年版，第13页。

[2]［美］丹尼尔·贝尔：《资本主义的文化矛盾》，赵一凡、蒲隆、任晓晋译，生活·读书·新知三联书店1992年版，第74页。

[3]［美］丹尼尔·贝尔：《资本主义的文化矛盾》，赵一凡、蒲隆、任晓晋译，生活·读书·新知三联书店1992年版，第16页。

对于后工业社会的人文主义设想，丹尼尔·贝尔认为自然与机器都已成为人类生存的大背景而不再是意识形态的焦点，后工业社会首先需要面对的问题是人与人、人与自我的关系，这是对现代社会中人们普遍感到的迷茫、空虚的精神修复，因此，在后工业社会中，人们必须在人际关系以及个人与社会的关系上重新认知，以获得集体的精神支柱。而这种非理性的感性力量，这种现代社会构成的补偿机制，这种对理性压抑的文化调节功能都蕴含在传统文化的本质属性中，在后工业社会中，信息与知识创新将成为重要的生产要素，人文与科学的融合将成为新的发展趋势。

20世纪90年代初，全球的政治格局随着苏联集团的解体，以美苏两个超级大国领导的对立集团的冷战结束为标志发生了重大变化。针对全球经济一体化的格局以及以美国为代表的主流文化影响趋势也出现了不少质疑的声音。其中，亨廷顿的著作《文明的冲突》中的观点就相对突出。他认为世界不可能只是在西方化的影响下成为统一的文明。他注意到了不同文明之间差异性的价值及相互影响的作用力。他认为全球格局将会从一个文明对其他文明的单项支配发展为所有文明之间强烈、持续及多元互动的新阶段。基于此，他提出了"断层线"的概念，这个概念是针对全球化以来的历史终结观的。他表示："全球政治正沿着文化的界线重构……以意识形态和超级大国关系确定的结盟让位于以文化和文明确定的结盟，重新划分的政治界线越来越与种族、宗教、文明等文化的界线趋于一致，文化共同体正在取代冷战阵营，文明间的断层线正在成为全球政治冲突的中心界线。"①此外，90 年代后期，出现了文化多元主义的批判思潮以对抗西方的普世主义与文化同质化的全球化。由此，人们越来越多地意识到西方普世主义下的全球化意味着对世界其他文明权力的侵犯与掠夺，而在新的全球文化格局下产生的"断层线冲突"则意味着文化多元主义与普世主义全球化之间的抗衡。

21 世纪初，教科文组织通过的《世界文化多样性宣言》《保护非物质文化遗产公约》以及《保护和促进文化表现形式多样性公约》等文件表明了这个时期的文化转向。其中，教科文组织指出在制定非物质文化遗产的国际保护标准时，尤其应注意非物质遗产"具有象征性精神价值"，从这个意义上说非遗的保护实质上是对其物质形态背后的文化形态的保护。另外，《世界文化多样性宣言》中明确指示："捍卫文化多样性是伦理方面的迫切需要，与尊重人的尊严是密不可分的，它要求人们必须尊重人权和基本自由，特别是尊重少数人群体和土著人民的各种权利。任何人不得以文化多样性为由，损害受国际法保护的人权或限制其范围。"②由此可以看出，人们逐渐从现代社会中对商品物质功能性及利益最大化的理性追求中走出，开始关注非物质性层面的价值与文化主体的权益

---

①S. 亨廷顿：《文明的冲突与世界秩序的重建》，周琪等译，新华出版社 1998 年版，第 29 页。
②https://baike.baidu.com/item/ 世界文化多样性宣言 /3223037?fr=aladdin.

及差异性，通过对物质本体的专注转向了文化研究，以修复在现代社会中留下的精神创伤。这种对人文精神及文化主体的保护体现出后现代社会中的人文主义价值转向。而美国在联合国教科文组织退席，意味着美国由此在文化立场上放弃了20世纪中期以来所主张的普世主义全球化理念，世界开始转向更关注多元、多维、人文主义的分形全球化方向。

在后现代主义社会中，科学仍在高速发展，但人们已自觉意识到对科学神话盲目崇拜的危害，恢复科学、宗教与人文主义三者之间平衡的需求日益高涨，在非遗所代表的传统文化中所蕴含的离经叛道的人本力量与自主品质，表现出对"人"与自然、宗教所发挥出的补偿效应，能有效地调节文化与自然、社会与个体、现实与理想、理性与感性、匮乏与需求等一系列矛盾。在后现代主义社会中，产品的功能问题已在技术的进步中得到解决。审美与功能的矛盾在后现代社会中已不再完全对立，其中审美的价值开始日益凸显，这不仅表现为一种审美的结果，还表现为后现代社会对于审美体验的尊重。人们对于产品的价值认同更在于其"物"与人之间的联结而表现的"非物质"性。这种超越现代功利主义、实用主义的审美感召，将传统文化中的非物质性价值再次拉回到后现代社会的审美视野，这种存在于传统文化中的多元性与差异性审美与非理性的文化体验成为后现代社会的稀缺资源。因此，对于非遗的保护是对人类情感、体验等人类本质属性所依附的文化载体的保护，也是后现代社会对于现代性所造成的社会创伤的修复，以及人文主义价值观的回归。

在未来的文化建设中，科学的神话还在继续，片面强调人文主义颠覆或摧毁压抑性的现行社会文化系统重返传统更是不现实的极端设想。科学还将继续发展，而带有人文主义的科学以及与现代科学相结合的传统文化发展观才应该是后现代社会文化建设战略构想的思想原则。在这种思想原则中，既可以通过人文主义中的感性原则的加强来调整人类文明结构的两极性力量对比，也可以通过现代科学与技术的力量保存传统文化，传承传统文化的精神，使双方足以形成一种相辅相成的对立统一的运动关系，这也是蕴含在传统文化中的东方哲学。也如卡西尔在《人论》中提到的："它们趋向于不同的方向，遵循着不同的原则。但是这种多样性与相异性并不意味着不一致或不和谐。所有这些功能都是相辅相成的。每一种功能都开启了一个新的地平线并且向我们展示了人性的一个新方面。不和谐者就是与它自身的相和谐；对立面并不是彼此排斥，而是相互依存："对立造成和谐，正如弓与六弦琴。"①

---

① ［德］恩斯特·卡西尔（Ernst Cassirer）：《人论》，甘阳译，上海译文出版社 2004 年版，第 185 页。

第三节　文字与技艺——反精英主义的历史书写

　　非物质文化遗产所代表的民间文化开始进入西方历史学界的视野是从 20 世纪的"新史学"开始的。在此之前，历史的镜像主要由代表正统史学派的历史学家来叙述、构建，绝大多数的正统史学派所关注的仅仅局限于与统治阶级相关的政治史，很少涉及文化、民间主题，即使偶有涉及也多是由于它们与政治有着无法分割的联系。因此，正统史学给后人留下的多是关于帝王、战争、条约、法律、制度等有限的政治事件或教条的政治立场，而社会的主体——人民大众的历史几乎没有得到应有的关注。正如美国史学家詹姆斯·哈威·鲁滨逊在他的著作《新史学》中所说："政治史是最古的、最明显的和最容易写的一种历史。因为君主的政策、他们所发布的法律和进行的战争，都是最容易叫人记载下来的。国家这样东西，是人类的最伟大的和最重要的社会组织。历史学家一般都认为人们最值得知道的过去事实，都是同国家的历史有着直接的或间接的联系。兰克、德罗生、毛兰勃莱克、傅利门等人都把政治史看成真正的历史。"[1] 这种以政治史为主导的历史观实质上建立在以权力、资产等为标准的阶级观念支配下，从统治阶级立场出发的"自上而下"的历史观，本质上是精英阶级对下层民众"文化霸权"的

---

① 鲁滨逊：《新史学》，商务印书馆 1989 年版，第 33 页。

表现。具体表现为在历史叙事的话语权上以一种居于强势地位的"宏大叙事"对真实个人的"私人叙事"的弱化，使"个人"从叙述的主体变为物化的叙事对象，从而导致真实的、具体的历史被宏大、抽象的历史所掩盖。[①]

直到 20 世纪中期，随着欧洲各国劳工运动的蓬勃发展，以马克思主义为研究基础的史学派开始将历史叙述的视角转向底层工人运动史，底层史学开始真正发展起来。比较有代表性的包括英国近代史的左派史学家艾瑞克·霍布斯鲍姆，他曾在《来自底层的历史》《每个人都拥有历史》等文章中公开主张历史学在未来需要给予广大平民阶级的历史更多的关注与研究。他反对正统史学派孤立历史的各个结构，忽视历史事件的因果联系，过于单一地放大政治在历史中的作用及其精英视角。他主张将社会作为一个彼此联系的整体来研究，强调历史事件的各个方面以及其中的相互关系，认为人类社会是个不断发展、演化的整体。历史学的发展趋势已从传统的叙述史学逐渐转向问题史学，从对个别事件的研究转向历史规则的构建。历史学的意义应是研究社会转变的内在规律，以及各个历史阶段的相互影响，并通过对历史的研究来为当下及未来提供借鉴。[②]在此基础上，霍布斯鲍姆提出"自下而上"的史学观念，认为被传统史学所遗忘的底层老百姓的生活经验及思想意识是阐释社会发展

---

① 雷颐：《"私人叙事"与"宏大叙事"》，《读书》1997 年第 6 期，第 98-100 页。
② ［英］艾瑞克·霍布斯鲍姆：《论历史》，中信出版社 2015 年版。

的重要史料，他主张唤醒底层的群体记忆，重新定义大众历史的地位与作用。①

除此之外，创始于21世纪上半叶的法国年鉴学派也大力推行"群众主义"，主张历史除记录显要人物外，"也应给小百姓历史一个地位"。②在中国，早在20世纪初就有以梁启超为代表的新史学派，反对传统旧史学的"四弊""二病"，提倡关注"民史"。③随着马克思主义在中国的传播，一场"眼光向下"的学术革命也在中国传播开来。以顾颉刚为代表的中国史学家提出了反对旧史学的四个基本结论："打破民族出于一元的观念"、"打破地域向来一统的观念"、"打破古史人化的观念"和"打破古代为黄金世界的观念"，④并开创了中国民间文化的研究，通过民俗学的材料去印证古史。这些史学派及主张的出现标志着历史学界治史观念的重要转向，促使史学界从民众的角度和立场来重新审视国家、权力、政治、社会等。由此，历史学开始与民俗学、人类学紧密结合起来，以往少有人问津的稗官野史、地方文献、碑铭墓志以及大众口头的歌谣、传说、戏曲、故事等都进入历史研究的资料范围，人的思想、信仰、精神成为诠释历史的全新视角。

---

① E.J.Hobsawm, On History from Below, in On History, P.209.
② 安德烈·比尔吉埃尔：《历史人类学》、菲利普·阿里埃斯：《心态史学》，载勒高夫主编：《新史学》，姚蒙译，上海译文出版社1989年版．第235页，第172页。
③ 梁启超：《新史学》，《饮冰室合集》，中华书局1989年版，第3-6页。
④ 顾颉刚：《答刘胡两先生书》，《顾颉刚古史论文集》，中华书局1988年版，第126-129页。

正如前面所提到的，官方正史的记载权始终掌握在精英阶级的手中，同时精英阶层往往是政治上的统治者，因此，流传下来的官方史料也主要以政治史、经济史、帝王史为主。而广大民间社会，尤其数民族地区的文化生活很少进入正史的记载范围，从而很大程度上造成了民间历史、少数民族历史的缺失。这也是诸多与非物质文化遗产相关的专门史，如农业、工艺、体育、建筑等历史缺失的主要原因。从这个角度来看，对非物质文化遗产的保护，有利于现代人对历史的重构。例如中国湘西的苗族，在很长一段历史时期内都是无文字的民族。被现代人理解为"祭师"的巴代，是湘西苗族的特殊人群，一个合格的巴代不仅要主持苗族的各种祭祀仪式，还要精通草药，天文地理，生活常识，能文能武，还需有正直的人品，作为宗族的精神榜样。巴代里的"巴代雄"在祭祀时完全采用纯苗语，其中包含大量原始、古老、深奥、神秘的信息，这些信息隐含着苗族历史上的迁徙、族谱、群族的分分合合，其文化时空横跨黄河中下游平原到洞庭湖，再到"五溪""武陵"的大山区；纵贯几千年的历史长河。巴代掌握着苗族宇宙观、世界观、哲学、易理、政治军事、行兵布阵、血盟赌誓、天文地理、生产、建筑、古老话、神辞、飞歌、恋爱嫁娶、生育繁衍、武术舞蹈、行为准则、礼仪、人格道德、医术等等，从精神到物质，从生产到生活，几乎涉及了所有的领域的文化密码，而这些大多都靠语言和记忆来传诵。这其中隐藏着中华民族的起源甚至是文明的起源，可以说是人类历史研究宝贵的百科全书。① 类似于苗族文化中的传承人巴代，其知识体系中除了部分以书面形式流传下来的文字、图片等"显性知识"外，还包含着大量的由非文字记录方式传授的"隐性知识"②，如技法、经验、配方、信仰、习俗、程式等等。隐性知识的形成主要与传承人个体的阅历、经验、感悟有密切的关系，具有强烈的"主观性""经验性""非系统性"，因此，非遗传承人可以说是一部"活历史"。

其次，非物质文化遗产所代表的民间文化所体现出来的历史价值还表现为与物质文化相类似的证史价值。即通过各个历史时期活态传承下来的具体的非物质文化遗产内容（如活字印刷技术、社戏、节庆仪式等），来印证人类历史发展过程中的某些特殊价值，或者作为历史研究中对某一特定时期的文化现象定性研究的史证材料。比如在考古领域，考古学家对于出土文物的解读，往往是通过民间戏曲、神话、诗歌等非物质文化遗产来加以佐证。值得注意的是，物质文化遗产与非物质文化遗产在历史的证史过程中仍存在显著的区别。物质文化以"物"为核心，因此，物质文化遗产在历史的流变中所经历的任何事的积极与消极性并不会影响到该物质文化遗产概念的界定。而对于非物质文化来说，其非物质性决定了它所

---

① 麻三山：《隐藏在记忆里的文化符号》，中央民族大学 2010 年。
② 由 20 世纪英籍匈牙利哲学家、物理化学家迈克尔·波兰首次提出。主要指一种未明确表达的知识，包括个体对外部世界的判断和感知、经验。

经历的人和事在为历史提供证史价值的同时，也会影响到未来社会的精神、观念与思想。因此，它所反映的消极内容是不能进入遗产的行列的，如殉葬、纳妾等反人性的陈规旧习是不能纳入保护范围的。因此，非物质文化遗产所展现的证史价值的具体内容往往是积极的、有利于社会持续发展的部分。

此外，人类在进入文字社会以来，始终都以文字的形式来记录历史，由于精英阶层对于文字的垄断，其记录者本身主观因素的局限以及即时的政治因素等都会在一定程度上造成历史记载与历史事实之间的差异，导致历史在文献流传的过程中失实。相对文字历史来说，广大民众尤其是少数民族地区，很大程度上没有学习和使用文字的机会，他们的民俗传承，只有依靠口头传播等历史因袭的形式来传承，而草根阶层的社会行为、思想等恰好能从侧面反映出当下历史真实的情况。因此，民间传说、神话故事、戏曲、诗歌等非物质文化遗产有助于在历史研究的过程中纠正精英历史记载的误差，使历史更接近于本来的面目，这也是非物质文化遗产对历史所起到的"修正"作用。总之，相对于主流历史以"文本为中心"只留下僵死的视觉文字的叙事来说，非遗本质上是一部可视化的历史，所展现的是鲜活的、本真的历史状态，是在文字历史之外对人类文明的丰富性与复杂性的补充、修复、矫正与保存。

第四节　地方性与他者

"地方性"与"他者"两个概念在二元对立的关系中，往往作为与"中央""自者"相对立的概念而存在，通常由于各种社会与历史原因，表达被边缘化、失去话语权，代表着对立关系中被压迫的一方。在本体论中，"地方性"与"他者"暗含着低级、边缘化与落后，是被构建的社会性产物。

在非物质文化的研究中，"地方性"在政治立场上意味着与"中央集权"相对应的"地方性知识"，在阶级地位上代表着与"主流文化"相对应的"民间文化"在历史发展的不同阶段多面对"人——地"关系的不同视角出现"现代性文化"与"传统文化"的对立。从中央集权的视角来看非物质文化的地方性，首先在于其政治地位上的不对等关系，当中央统治集团的地位从政治、经济、法律上得到巩固后，其文化系统与地方文化系统之间就有了政治地位强弱的对比。同时，在政治上占优势地位的文化系统通常被视为"主流文化"，主流文化在语言、叙事、习俗、展示等方面表现出一定程度的"霸权"现象，在很长一段历史时期，主流文化都企图将自身的文化意识形态强加到弱势文化之上，如西方文化对非西方文化的普世性价值观以及儒家文化对民间文化的影响等。对于弱势文化来说，在被有更多话语权的"中央"或"主流文化"阐释时，则会出现不同程度的主体性缺失，成为被阐释的对象而出现主体性失语。在传统文化与现代性文化的对立中，地方性作为传统文化区别于现代文化的本质属性，往往是传统社会中决定人与人之间的情感、友谊的关键因素。在传统社会中，人类交流与活动的范围是有限的，因而地方是承载"人——地"关系与行为活动的基本空间单位，不仅是几何空间而且是文化空间。人本主义地理学家段义孚认为，人类赋予地方以意义，地方蕴含着人类独特的经验，人的空间经验是建构、理解与阐释地方性知识的重要方式。[1] 然而在现代社会中，科技的发展打破了人类生活与交流的距离限制，传统社会中世代维系的宗族血缘、村落文化被工业文化所取代，相对稳定的地方性知识被现代性知识所消解。

法国著名人类学家马克·奥热在其著作《非空间：关于人类学超现代的介绍》一书中提出"地方"的对立面是"无地方"，文中提到"如果地方被定义为与历史和认同的相关性，那么不存在着这种相关性则为'无地方'"。他认为，现代社会的条件构建了无地方这一缺乏意义的空间，并且与传统意义上对地方的理解非常不同。[2] "无地方"的提出正体现出现代人类学家对地域性意义在现代社会中的理解。地域性作为非物质文化的本质属性之一与非物质文化一样面临着被主流文化以及现代性吞噬的困境，保护非物质文

---

[1]Tuan Y F. Space & Place: The Perspective of Experience[M]. Minneapolis: University of Minnesota Press, 1977:1-17.

[2]Auge M. Non-Places: Introduction to an Anthropology of Supermodernity[M]. London: Verso, 1995:77-79.

化的地域性，恰恰意味着对区域性文化以及民族文化的关注，在"现代性"中对传统文化价值的重构，是实现文化多元化的重要方面。

在非物质文化地域性的建构上，人文地理学家蒂姆·克雷斯韦尔在其著作《地方：记忆、想象与认同》中提到，地方性是特定的社会群体所生活的地理空间、体验与经验，在很大程度上是人自下而上建构起来的。一方面，地方性在一定的社会情境之中，被赋予了丰富的文化意义，地方由此被符号化，承载着一系列的情感、价值与意识形态。另一方面，个人或群体可以通过自下而上的社会与空间实践，对基于地方的文化意义进行"展演"。①② 地方性在人对其物质环境的感知、人类历史时期的各种社会文化活动的沉淀以及人与地方建立起来的情感联系中构建起来③。从这个意义上理解，地方性的构建主要由文化意义、话语与实践经验等人类的主观因素来构建，人不光是地方性的构建主体，也是地方性形成的内生机制，人的认识空间、主观情感、空间的文化意义是构成地方性的几个维度，不同的人在地方的不同经验与情感产生了不同的地方性，④

①Cresswell T. Place: A Short Introduction. Oxford: Blackwell, 2004.

②Qian Junxi. Theoretical perspectives on place and the implications for tourism research. Tourism Tribune, 2013, 28(3): 5–7.

③周尚意：《四层一体：发掘传统乡村地方性的方法》，《旅游学刊》2017年第1期，第6–7页。

④Yifu Tuan. Space and Place: The Perspective of Experience. Minnesota: University of Minnesota Press, 2001.

对地方有更高认同感的人其所定义的地方性更具有文化意义。① 人通过主体与环境的互动"创造"了地域性，同时，地域性所承载的地方记忆、想象、情感与叙事是唤起人类集体认同的重要符号。此外，也有部分受现代性、结构主义学派影响的学者认为，地方性是在与外界的相互联系中产生的，同时地方性与该地方在整个区域系统中的位置密切相关，不仅涉及自身的区位、自然条件，还受全球政治经济整体格局的影响。② 相关的研究主要侧重于在现代性语境中非遗地方性的建构与地区发展及全球化背景下的冲突之间的关系等。③④ 综上，在全球化的对冲中，非物质文化遗产地方性的重建一方面要关注其空间、人文符号与叙事文本以及主观情感，另一方面也需要面对当下的现代化社会语境。

对于非遗地方性的构建以及非遗的展示性保护来说，需要讨论的一个重要的方面就是文化身份或者说社会角色的主客体关系。在《主位和客位：局内人——局外人之辨》这本书中，作者围绕主客位理论的发展，讨论了主客体在多学科中的应用以及在运用中所产

---

① 杜芳娟，袁振杰：《务川龙潭仡佬族民族身份的地方性建构》，《热带地理》2014 年第 4 期，第 438-444 页。
② 钱俊希，钱丽芸，朱竑：《"全球的地方感"理论述评与广州案例解读》，《人文地理》2011 年第 6 期，第 40-44 页。
③ 汪芳，李薇，PROMINSKI Martin：《城镇化和地方性的新冲突、新策略与新探索：中德双边研讨会会议综述》，《地理研究》2014 年第 11 期，第 2205-2214 页。
④ 姜辽，苏勤：《旅游对古镇地方性的影响研究：基于周庄的多案例考察》，《地理科学》2016 年第 5 期，第 766-771 页。

生的矛盾。① 一般来说，主位指的是文化内在的阐释角度；客位则是站在外部的视角来审视或理解文化。与这对关系密切相关的还有文化的"局内人"与"局外人"的问题。所谓"局内人"也即是文化人类学里常提到的"自者"，反之则是"他者"，这是人类学调查研究中的两个文化身份。由于不同的文化都有各自的观念体系，文化的叙述者通常按照本文化的观念体系与民俗习惯来认识与阐释事务，即该文化的局内人。而对于文化观念体系来说，不属于该文化体系的人则属于该文化的局外人。在此基础上，文化人类学通常将享有该地区文化、消费该地区文化、生活在文化区域的人称为"自者"；对该地区文化感兴趣、做研究或者具有其他目标性群体称为"他者"。② 此外，"他者"在哲学上指的是"我"不可克服、不可把握的异"我"之物。③ 拉康的"镜像阶段"理论认为，镜像中的形象可以促使主体获得对自我身体的确认，进而认同自我的身份。也就是说，他者对于自者来说提供了不同于主体自我认知的视觉，为主体对自我的认知提供了新的视角。从人类学研究角度来看，被观察与被研究的对象对于观察者来说是他者，而对被研究对象而言，研究者则是他者。二者都能在对彼此的确认中获得新的

---

① Thomas N.headland, Kenneth Pike. Marvin Harris(eds.), Emics and Etics: The Insider/Outsider Debate, London:Sage publication,1990,p.29.

② 麻国庆、朱伟：《文化人类学与非物质文化遗产》，生活·读书·新知三联书店。2018年版第27页。

③ 王晓路：《文化批评关键词研究》北京大学出版社2007年版，第332页。

自我认知，重新确认自我文化的价值。正如爱德华·萨义德所说的
"每一文化的发展和维护都需要一种与其相一致并且与其相竞争的
另一个自我的存在。自我身份的建构——因为在我看来，身份，不
管是东方的还是西方的，法国的还是英国的，不仅是独特的集体经
验之汇集，最终都是一种建构——牵涉到与自己相反的'他者'身
份的构建，而且总是牵涉到对与'我们'不同的特质的不断阐释和
再解释"。①

　　因此，"他者"的视角也是后现代语境中对西方文化进行反
思、批判与多元审视的理论工具，为文化研究提供更多元的视角。

　　在非物质文化的研究中，"自者"与"他者"的矛盾普遍存
在。前文提到过的主流文化对于弱势文化的霸权行为则属于在他者
介入下，原始文化中自者的消解，进而导致文化的濒危。

　　对于面临抢救的非物质文化遗产来说，目前存在两种比较通行
的保护方式，一是将非物质文化遗产艺术化，让原本在"自者"的
视野中的与日常生活联系在一起的民间艺术抽离生活走向艺术，原
本承载着他们在生活中的信仰、情感与理想的部分则是非物质文化
的精神内核，从"他者"的视角来看，是将对方的生活艺术化，他
者观察的出发点是在抽离了原有文化的日常生活基础上所呈现出的
审美态度与情趣。另一种则是传统文化融入现代生活，在现代化语

---

① ［美］爱德华·W.萨义德（Edward W.Said）：《东方学》，王宇根译，生活·读书·新知三
联书店 1999 年版，第 426 页。

境下鼓励对传统文化实施"生产性保护"，将非物质文化遗产中实用性的部分提炼出来进行设计、生产、加工等，最终进入消费环节，以获得传统文化在现代的生命延续。然而，目前两种发展方向都存在一些主客体间的矛盾。从积极的方面来看，"他者"的关注与认同可以促进非物质文化遗产的传承与发展。然而，当"他者"过于频繁地介入，则会在不同程度上造成生活中的艺术远离原生态的语境而进入艺术世界，以艺术的评价标准或艺术商品的标准来评判，或许这时其传统文化中的本质意义已发生了改变，与"自者"生活中的艺术大相径庭成为现代艺术审美中"再造的生活艺术"，其满足的也不再是乡民的原有的审美趣味而是现代大众的审美趣味。有学者认为，"对象决定论导致异化和他者化，即民俗学研究对象被'现代性'的学科知识异己化、他者化。因此，民俗学泯灭了民俗主体本应享受的主体地位，这是该学科在今天面临的最严峻的挑战。民俗学离开了对人的主体性的关注，陷入纯粹形式主义的研究，走入机械论的、科学主义的、碎片化的歧途。"① 而我们对人文精神回归的呼吁本身就是为了解决工具理性在当代社会的过分僭越的问题，因此，如何处理好他者与自者审美趣味的问题也值得我们深思。

此外，针对乡民生活的艺术逐渐成为一种稀缺的艺术形态，在

---

① 尹虎彬：《回归实践主体的今日民俗学》，《民族文学研究》2019 年第 5 期第 37 卷，第 66—72 页。

"他者"的介入下，许多民间文化虽然脱离了原有的生活空间语境，却在现代生活中找到了新的发展语境。如陕北秧歌，在他者介入的艺术表达中，逐渐由以酬神为目的的舞蹈变为有娱乐气息的民间舞蹈，进而发展为政治舞蹈及文化符号。① 同样，在生产性保护中的非物质文化遗产也会面临"自者"与"他者"主体性对抗的矛盾。许多非物质文化遗产在原始的文化环境中其设计、生产与消费的过程都是围绕着特定地域中的本土乡民，其产品的功能性、实用价值与造物思想所体现的是当地居民的生活习惯。然而，当消费环节的"自者"转变为"他者"时，首先，其为满足外来消费者求异心理的"在地性"生产就不再纯洁。其次，传统文化中原本实用性的功能就会逐渐减弱转向象征性。在短时间内可能满足他者追求异文化或在地性消费的情感体验，而从长远来看，在现代消费文化的语境下的"再生产"会在迎合他者消费者的审美需求的过程中，抽空传统地方性知识及文化意义而成为不同地域文化的拼贴，这恰好与对非物质文化遗产"生产性保护"的初衷背道而驰。

对于非物质文化遗产保护中"自者"与"他者"矛盾的调和是非遗保护工作者应重视的问题，目前大多数学者认为非遗的保护需要注意到该文化本身的文法，即存在于每个文化个体中内化的逻辑，是"自者"潜意识中的东西，包括其感觉、心性、历史记忆等

---

① 麻国庆，朱伟著：《文化人类学与非物质文化遗产》，生活·读书·新知三联书店 2018 年版，第 28 页。

表达出来的文化信息，这些会随着自者文化语境的消失而消失，非遗的保护不仅应保护文化的表达（如美术、音乐、文学、视觉的文化信息），也应该包括对存在于自者潜意识中的文法进行保护。[①]因此，只有充分尊重"自者"的立场，发扬"自者"的文化自觉，才能在与"他者"视野的融合中自觉地实践传统文化中所固有的文法，也是其精神内核，让自者的传统表达方式获得合法性。由此才能避免他者陷入纯粹形式主义的误区，走入工具理性主义或消费主义碎片化的歧途。

---

① 麻国庆，朱伟：《文化人类学与非物质文化遗产》，生活·读书·新知三联书店 2018 年版，第 30 页。

第二章　非遗展陈的叙事结构

　　非遗展示是后现代主义文化语境下的文化行为，体现了后现代主义将文化转换为一个"建构性"的过程，而文化的展示是形成文化的核心行为之一，也被称作"文化的环程"的关键点，非遗展示的意义在于构建文化认同，促进优秀传统文化的交流与分享。非遗视角下的展示，包括演示等各类沟通方式，可以为文化与观众提供现实沟通空间，从而弥补虚拟、间接信息传播中可能的不足，可以提供更大范围内文化景观的导览与索引功能。之所以能将非遗展示理解为一种文化构建的过程，很大程度上取决于非遗的活态展示本质上是对非遗这件动态发展中的"事"的展示，而展示这一行为几乎无法完整地、事无巨细地展示非遗项目的所有细节，其呈现的内容必然是非遗这件"事"的某个片段、情节或经过编排组合而成的状态。因此，在挑选片段与策划情节的过程中必然牵涉策展人或传承人主观意识的参与，而非遗展示往往强调展示中沟通过程的开放性，所以非遗展示的过程不仅包含策展人、传承人对内容的阐释，观众的主观意识、理解认知也会参与到展示的过程中来。而这些当代观点的加入，就是非遗这件"事"在当代文化中重建的过程。其意义在于对民间质朴而向善的文化故事及其背后传统价值观在当代的重塑。其中，非遗展示中对内容的阐释则是构建展示意义的手段。

若单纯将叙事理解为"讲故事"，将引入展示的叙事学研究理解为"如何讲好故事"，则并未完全揭示叙事学在非遗展示中的作用。事实上，叙事学是一种对文本内部各要素以及其所处的原境进行共时性研究的方法，本文通过引入叙事学，试图剖析"非遗"展示需要的要素、策略、展览者与接受者的关系，由此进行一个关系研究。本章将对叙事与非遗展示的属性及结构展开研究。

第一节　什么是叙事性

2.1.1 严格定义下的叙事

叙事是非遗叙事的基本概念，所谓"叙事"，即围绕"事"所展开的叙述行为。其中"事"通常指曾经发生、现在正在发生的真实事件，也可以是具有发展动态的虚拟故事或将来可能发生的推测事件，因此在性质上它既可以是真实的，也可能是虚拟的，或者是真实与虚拟并存的。在时空关系中，一个事件中可能包含着许多小事件，事件与事件之间有先后或因果关系，每个事件的发生也有各自的时间长短。站在结构主义视角上，所有事件都包含相应的叙事文本，每个叙事文本都由故事与话语两部分所组成，其中故事指的是内容、事件链以及由人物、环境、器物等所构成的存在物。话语则指的是对事件的表达媒介及方式。①包括口头或书面的语言、画面、动作等，并具有其自身的节奏、顺序等。如拉尔·热奈特（Gerard Genette）认为叙述的概念应当从三个层面来解释："叙事的第一层含义，如今通用最明显、最中心的含义，指的是承担叙述一个或一系列事件的叙述陈述，口头或书面的话语……第二层含义指的是真实或虚构的、作为话语对象的接连发生的事件，但不是人们讲述的事件，而是某人讲述某事（从叙述行为本身考虑）的事件。"②

除此之外，西摩·查特曼（Seymour Chatman）在《故事与话语：小说和电影的叙事结构》中指出叙事是由"故事"和"话语"两部分组成。③其中"故事"包含"事件"和"实存"两个部分，"话语"则作为表达"故事"的媒介或叙事传达的结构。在这里，叙事被理解为一种行为过程，是动态发展的。杰拉德·普林斯（Gerald Prince）也在其著作《叙事学：叙事的形式与功能》一书中

---

①Seymour Chatman, Story and Discourse:Narrative Structure in Fiction and Film. Ithaca:Cornell University Press,1978,p.19.

②［法］热拉尔·热奈特，《叙事话语、新叙事话语》，王文融译，中国社会科学出版社 1990 年版，第 6 页。

③［美］西摩·查特曼：《故事与话语：小说和电影的叙事结构》，徐强译，中国人民大学出版社 2013 年版，第 5~6 页。

指出"叙事就是事件的讲述而不是对其呈现方式的讨论。"① 可见，对叙事概念的定义几乎都包含了"事件"与"话语"两个方面，也就是叙述这一行为所包含的内容与表达方式，也就是"叙"与"事"的结合，是构成概念的结构。

而在中国语境中 "叙事"除了普遍观念里的叙述事实之意还有"议论"的含义。在《大辞典》中是这样解释的："叙述其事实也亦作序事（《辍耕录·文章宗旨》）'叙事如书史法，《尚书·顾命》是也。叙事之后略作议论以结之，然不可多。"② 在这段解释中可以看出叙事包含了两个明显特点：一为"事实"的存在；二为"议论"的存在。同时也引出了关于中国古代"叙事学"的理论问题，在《中国文学评点研究》一文中，作者指出"元明间陶宗仪《辍耕录·文章宗旨》也说过：'叙事如书史法，《尚书·顾命》是也。叙事之后，略作议论以结之，然不可多。'这已稍涉到'变体'的问题，但还没有明确揭示。"③ 这里的"变体"是相对于"正体"而言，传统的叙事性文学是叙述客观事实，而"变体"是加入议论之后的问题。关于中国古代"叙事学"理论中"正体"与"变体"之关系，以及"叙事之法"从"文章之法"中独立出来这样的转变，在《从〈史记评林〉看明代文人的叙事观》一文有详细

---

① ［美］杰拉德·普林斯：《叙事学：叙事的形式与功能》，徐强译，中国人民大学出版社 2013 年版，第 144 页。
② 《大辞典》，三民书局股份有限公司 1985 年版，第 1936 页。
③ 《中国文学点评研究》，http://www.gxdaixie.com/biye/wenxue/2011/0829/7864.html.

论述。作者证实中国早在先秦时代就讲到了叙事，明人在理论上讲"叙事之法"与一般"文章之法"加以区别，又是一新的发展。所以，从《辞海》的解释来看，"叙事"不仅仅是对事实的论述，还需要加入作者适当的观点与态度才能算得完整之叙事。由以上论述可发现，中国古代对"叙事"之研究，关注点在于叙事文的文体之性质，"叙"之"事"为"事实"，随后发展出加入叙事者观点的新的"叙事"定义。

叙事的叙事性从字面意义上可以理解为叙事的性质或特性。一方面叙事性所表达的是一种"属性"，即某个文本之所以能成为叙事的特征。另一方面，叙事性代表着某种"程度"，也就是叙事与叙事之间相互区别的"特性"。[①]也就是说，叙事性的本质指的是叙事这一行为的范围以及叙事特征的强弱程度。杰拉德·普林斯认为影响叙事性程度的因素包括多方面，他指出"一个特定叙事的叙事性，不仅与该叙事的构成成分有关，而且与它们的排列有关。它也必定与该叙事之被接受所依赖的语境有关，尤其是与其接受者有关。"[②]可见，与叙事性相关的因素除了基本的"事件"与"话语"的构成外，其还受到序列、语境、受众以及载体等各种因素的影响。正因为叙事性与自身结构外的其他因素具有相互作用的可能

---

① 尚必武：《西方论文关键词：叙事性》，《外国文学》2010第6期，第99页。
② ［美］杰拉德·普林斯.叙事学：《叙事的形式与功能》，徐强译，中国人民大学出版社2013年版，第144页。

性，因此，对叙事学的研究不应只局限于其文本结构的范围内，也需要对其环境中的相关因素进行研究，从而暗示了叙事学研究新的发展方向。

2.1.2 叙事的转向：经典叙事学到后经典叙事学

叙事这一行为自人类开始使用语言时便体现在人类的生活与社会交往中，叙事的概念早在古希腊时期便已产生，起初只是属于文学修辞的一部分。直到 1966 年巴黎的《交际》杂志发表了关于一篇题为《符号学研究——叙事作品结构分析》的文章，对叙事理论及方法进行了初步的探讨，以此开启了人们对叙事学研究的先河。起初，人们对叙事学的研究主要集中在文学中叙事需要及作品中叙事结构的研究上，旨在建构叙事语法或诗学，探讨叙事作品之构成成分、结构关系与规律等内在结构的问题，即文学层面上以"文本为中心"的叙事研究，这一阶段被视为经典叙事学，也称结构主义叙事学。这个研究阶段主要的代表人物及成果包括托多洛夫 1969 年发表的著作《十日谈语法》，文中首次提到了单词"narratology"。随后，罗兰·巴特的《叙事作品结构分析导论》提出任何材料都可以叙事。1990 年热拉尔·热奈特在作品《叙述话语》中研究了叙事的时间与视角。在经典叙事学阶段，人们对叙事作品的研究仍然在一个孤立的、封闭的意义体系中，叙事的文本与其所处的环境、文化与历史等因素完全割裂。

自 20 世纪 80 年代以来，经典叙事学在研究对象与范围上的局限性日益凸显，从而促使叙事学的研究发生了一次范式的转移，即向叙事语境的范式的转移，也被称为后经典叙事学。相对于经典叙事学以叙事结构为核心的研究范式来说，后经典叙事学主要探讨的是叙事作品本身的各方面价值以及作者、读者、语境和社会环境之间的相关性，并且还将叙事学的研究范围从文学拓展到了电影、绘画、建筑以及广告、展览等众多领域，极大地拓展了叙事研究的视野，增加了叙事学与其他学科相结合的可能性，意味着一个新的叙事学研究时代的到来。开启这个阶段的主要代表人物为大卫·赫尔曼，后经典叙事学首次作为一个完整的概念出现在大卫·赫尔曼 1997 年发表的文章《后经典叙事学的要素》中。他在文章指出：后经典叙事学的理论基础与"泛叙事观"不无关联，因为后经典叙事学主要关注的是叙事学的外延问题，而不是内在问题。此外，他在其 1999 年的作品《叙事学：叙事分析新视野》中将叙事学引入其他的学科理论中。

2.1.3 叙事在非遗展陈中的优势

从非遗展陈的目的来看，人们之所以在被虚拟世界包围的今天仍要在物质世界的实体空间中展陈非遗，可借用美国女诗人苏珊·斯图尔特（Susan Stewart）的一个极其简短的说法——"抗拒时空压缩的迫害"。① 所谓"时空压缩的迫害"是根据人的实际存在于精神想象之间的矛盾而形成的主观欲望或渴望得到调和的体验。人的肉身注定会被框定在某个时间坐标和空间坐标的交叠之处，接受时空逻辑的约束，但人的精神与思想缺失自由流动。面对非遗这种能唤起人类共同情感和记忆的文化载体，非遗的展示便是人们打破"此时此地的精神困境"，打破现有物质文化与现代文明生活界限的文化空间的方式。基于对个人记忆及情感追溯等各种需求，非遗展示的目标便是在时间上能让观者在过去的文化与未来的生活之间自由穿行；在空间上或许能走进更大的世界，去平时生活范围之外的地方；在角色上，能跳脱日常被限定的"我"，回到记忆中的自我或拥有更丰富体验的自我中；在日常习惯和社会功能所规定的认知之外，滋生出感性的想象或完全个人的情感，等等。可以说非遗展示是现代人逃脱"此时此地的精神困境"或摆脱"时空压缩的迫害"的一种积极的方式之一，一种精神的避难所。

在非遗展示中，叙事是破解"此时此地"时空枷锁的有效工具。从所有小朋友都爱听故事的事实可以了解，比起其他形式，人们更善于理解叙事。英国文学批评家 Barbara Hardy（1968：5）曾指出："我们以叙事的方式做梦、回忆、期待、希望、绝望、相信、

---

① 苏珊·斯图尔特（1952——），美国诗人与批评家。近年来执教于美国普林斯顿大学，教授诗歌史、美学和文学理论课程。曾多次获奖，代表作有诗集《红色漫游者》、《骨灰壁龛》、《黄色的星与冰》及文学批评著作《诗与感觉的命运》等。

怀疑、计划、修改、批评、建构、闲聊、学习、憎恨和热爱。"可见，人们在本能上习惯于叙事，叙事拥有引导人们学习的潜力。此外，叙事可以把现实与记忆及想象世界联通起来，帮助人们进入更自由、开阔的世界中去。非遗展示的目的并非仅仅强调绝对的客观，"人们可以主动去选择那些对自己产生意义的记忆或最好的记忆来重构现实，也可以有权利将无意义转化为有意义，同样可以将伤痛的记忆转化为积极的记忆……"[①] 非遗叙事的展示策划就是一个重构现实的过程，是策展人依据自己的记忆和观众的立场来重构一段"文明的痕迹"的过程，也可以说是建构一个精神的避难所，能带给人们心灵上的慰藉。

在展览叙事中，策展人往往会根据自身的主观感受对叙述对象进行选择与优化，包括客观存在的世界甚至是观者的情绪，从而实现对现实的精选。例如，在展示叙事过程中，常常会通过"移情"的手法，将观众或听众拉进叙事的情节或场景中。将人在现实世界中的复杂情感戏剧化处理，有时会有意识地屏蔽掉一些负面情绪，而转化为愉悦的体验或者带有娱乐感的刺激。另外，在叙事中，人们在现实世界中所体验到的艰难的过程及时间与精力上的折磨往往会被简化或弱化。同时，人们不需要实际承担在现实世界中所要承担的压力、责任与行为后果，只需享受叙事过程中的刺激体验。如

①张晓晴：《博物馆"叙事性"展示设计探讨》，中央美术学院 2012 年 6 月。

果说现实世界是一场无法挽回的绝版电影，那么在叙事的世界中人人都拥有随时进入与退出的权利。可以说，以上的这些优势使得叙事成为一种迎合人类主观意识的、精选现实的手段，从而使得叙事的世界比现实世界更具吸引力，更能满足人们对乌托邦的想象。另外，叙事具有引导人们学习的潜力的作用。Jerome Bruner 指出，人类运用两种思考方式认识世界：逻辑与叙事。他认为："（叙事）引出好的故事、扣人心弦的戏剧、可信（但不一定'真实'）的历史叙述。它处理人类或拟人的生活进程的意图、行动、兴衰与因果。它致力将没有时间感的奇迹转化为特殊的经验，并将经验置放于其时间与空间之中。"叙事不仅能讲述现实也能呈现超越现实的可能性。

我们今天对非遗的展示的讨论不论站在何种视角下，以如何翔实的方式来展示，都是靠集合时空中的"碎片"事物，重新编织出一个在策展人主观认识的重新选择和安排下的"客观世界"。非遗展示与非遗本身之间永远隔着一条无法跨越的时间与空间的鸿沟。非遗是有时空维度的，它有自己的历史，是传承有序的文化，在今天仍然有传承人，并且可能对人们未来的生活产生或多或少的影响，然而，对它的展示，也始终只能是对其某个方面、某个时间段或某个层面的展示，永远无法完整地复制非遗的全貌，只能通过展陈的叙事去尽可能地接近那个事实。

非遗展陈的叙事是策展人、传承人与物质载体共同串联的结果。叙事则是将展示的各种信息整合起来的有效手段，展示如同一个舞台，需要通过有趣的剧本来呈现舞台上的"戏码"，并通过"起、承、转、合"等不同情节点的设置来吸引观众的注意。此外，非遗展示具有地域性，需要借助地域的环境来成就叙事的语境。不论是在博物馆空间中通过展陈打造一个模仿现实空间的环境，还是在原有的地域内展示，展陈所建构的叙事文本、语境则如同与观众之间的桥梁，能实现文本、语境与观众之间的双向互动，就能帮助人们突破对其现有的认知或"此时此地"的精神界限，走出现实的重力场，走到事件流之外，去实现非现实层面的另一种非日常体验或不受时空限制的感性想象。

第二节 非遗展示叙事的属性

2.2.1 非遗展示叙事的视角

叙事视角，指的是叙事人站在何种角度、以什么方式来叙述事件。美国文论家艾伯拉姆斯曾将叙事视角定义为：叙述故事的方法——作者所采用的表现方式或观点，读者由此得知构成一部虚构小说里的叙述里的人物、行动、情境和事件。[①] 视角是叙事的起点，

---

① 王凤娟：《蒙太奇式小说——叙事学视角下的〈说西安〉》，《当代文坛》，2008 年第 4 期，第 110–112 页。

任何叙事的展开都是从视角的设计开始的，视角既决定了我们看待事物的方式，也塑造着事物之间的关系。非遗展示中的视角既与叙事者有关，也与观众有关；既与现场的观看和感受有关，又与事物的意义组织有关。在很大程度上，策展就是基于视角的创作。

非遗展示一个讲述"他者"故事或"他述"与"自述"并存的故事场域。展陈所展示的内容、策展人所讲述的故事文本是一个相对于观者的"他者世界"，同时，非遗展示中往往涉及一个重要的角色，即"非遗传承人"。非遗传承人的视角是站在所展示文化的"自者的视角"的叙述。因此，非遗展示中常常以"亲历者"视角或"博学家"与"亲历者"两种视角的搭配来进行叙事。其中，"博学家"的视角从本质上来说是一个第三人称式的观察视角，但为了能在看似无关的事物之间找出内在的逻辑，叙事者就必须"博学"，甚至要纵览全局、洞悉因果，因为只有这样，才能让观众信服他的逻辑，并随着这个逻辑去经历整个叙事。当"博学家"的这种能力被推向极致的时候，就会成为无所不知的"全知者"，像罗伯特·斯科尔斯在《叙事的本质》一书中指出的："全知者意味着像神一样可以无处不在。上帝知道一切，因为他存在于每一个地方——而且是同时。"[①]而"亲历者"视角的出现有助于打破"博学家"视角的过度理性，能给观众带来身临其境的体验。如深圳博

---

① [美] 罗伯特·斯科尔斯、詹姆斯·费伦、罗伯特·凯洛格：《叙事的本质》，于雷译，南京大学出版社 2015 年版，第 273 页。

物馆《深圳民俗文化》展中，展区的布置是按照当地民族文化自身的分类体系来进行划分，体现的就是"博学家"的视角；而在复原某个场景，如复原盆菜宴、年轻人对歌、打醮、辞沙、疍民婚俗等具体场景时所使用的文本视角与表达方式则是"亲历者"的视角。也就是说，展览叙事的逻辑与意义往往由"博学家"视角来塑造；而特别的感受与体验则往往由"亲历者"视角来塑造。

　　以"博学家"与"亲历者"的视角来搭配整合叙事的组织逻辑与场景体验中的气氛营造是很多国家级、省级非遗展示馆常用的叙事视角的组合。然而对于许多地方展馆或者非遗传承人个人展馆来说，"博学家"的视角则显得比较尴尬。从字面意思上理解，"博学家"即通晓一切的全知者，拥有神圣化倾向的严肃视角，对于多在博物馆空间内展示的国家级、省级非遗项目来说，博物馆空间本身具有文化权利的威慑力，对展出内容神圣化、权威感有一定的加持作用，因此，此类非遗展览中"博学家"的视角是比较常见的。然而，对于地方、个人类的非遗展来说，"博学家"的视角往往更加凸显"绝对博学"这一伪命题，面对具有怀疑精神的当代观众，"博学家"这一视角显得十分格格不入。就地方、个人类的非遗展来看，很多都是以社区或小部分非遗传承人为单位的叙述者（是自者文化概念中的当代人），从其自身的角度去进行展示的叙事，处于一种具有独立主观意识和态度的视角，同时，又允许他者以批判的眼光参与观看。作为这类展览的陈述人，一方面需要对具体事实进行客观记录，另一方面，也会将自我的感受与评论体现在展览的叙事中。例如展览《安妮之家》是以个人化叙事立场展示小女孩安妮视角下的二战，以还原日记的形式，既展示了二战中的客观事实，也体现了小女孩个人的情感体验。展览视角超越了传统战争纪念博物馆叙事给人类心理造成的地域化、国家化、民族化或宗教化的设限，观众在变得多元化的同时并不需要为不同的政治、民族或经济因素而转变自身叙事方式与立场。

2.2.2 非遗展示叙事的语言

在非遗的展示中，叙事者主要涉及的角色，一个是策展人，是整个叙事主题的组织者，负责对各个环节的叙事素材、情节、主题进行串联，能够站在"博学家"的视角对客观事实进行逻辑排序，也需要加入独立的观点与态度陈述展览的内容与主旨，起到统领全局的作用。展陈中的空间布局、展板、标签、导览等各个文本都是策展人叙事语言的表述内容。另外一个角色，是包括非遗传承人、演员在内的陈述人。陈述人在展览的过程中通常作为叙事要素，通过戏剧性的表演、言传身教的示范来达到吸引观众、与观众产生互动的目的。如广东非遗馆中的粤绣传承人现场演示刺绣工艺，陈述人的现场展演相比文字、实物或影像等形式更能让观众贴近非遗文化的技术、精神及温度。此外，不同于传统博物馆居高临下的权威姿态，受生态博物馆及后博物馆展陈理念影响下的非遗展示在展示中与观众的交流更加平等，更加倾向于鼓励观众在思维上保持独立性，在行为上能参与到具体的叙事建构中，打破展览的封闭性，将展示与观众之间单项的"叙述——倾听"的关系演变为一种双向的"发言——评论"或"演讲——对话"的关系。这是一种双向叙事的关系，叙事者不负责提供"真理"，只是提供观点；观众也不只是倾听者，而是对话者，也参与到展览叙事的构建中，作为展览叙事的角色。例如美国的"2*4"平面设计事务所在纽约设计节上创作的一个文字问题装置就很能体现发起者和参与者共同协作的意义：设计师们想邀请公众一起来讨论"如何让设计积极地参与到身边的世界中"，于是就发出了一个倡议，邀请公众用三个词的简单句（动词 + 介词 + 名词）来给出自己的观点。在设计节期间，纽约7000 辆出租车的车载电视上，以及时代广场上的多个屏幕都直播了对观众提供的观点进行遴选的过程。观众给出了很多精彩的回答，如 "Dream in public"（当中做梦）、"Paint with words"（以词作画）、"Solve through questions"（通过问题来解决），等等。在这个对话过程中，观众给出的答案几乎构成了展示话语的全部，他们成为这个公共性极强的城市展览的叙事者，而作为策展人的叙事者则隐藏在了展览的背后。这种对话方式为非遗在当代文化中的展示注入了新的生命力。非遗展示在当代的意义并不仅仅是维系传统的历史价值，也需要延续其在当代的生命力，使其与当代文化进行碰撞产生出新的对当代生活的价值意义。因此，当代的非遗叙事体系是开放的，其叙事语言呈现出民主化倾向。

不同于传统博物馆展示中以"物"为中心的叙事语言，非遗的性质决定了非遗展示的叙事是以传承人为主，叙事的核心围绕着传承人的精神、技术、智慧，物的角色由主角转化为"人"与"事"的配角，物的静态独白转化为配合"人"与"事"的动态演出。此外，非遗展示中的物与博物馆中所保存的珍宝在价值上不尽相同，非遗展示中的物很大一部分在其原本的文化语境中是售卖之物，如非遗中的手工艺品，本身是市场流通中的平常之物，只是随着工业革命的到来逐渐变成历史遗留之物，因此，非遗之物的价值主要体现在其文化价值，更确切地说是其所承载的人类文化、精神的价值。因此，非遗之物与传统博物馆中的珍宝不同，前者重在传承，后者重在保存。

在非遗展示中，物承载着非遗文化的传承使命，物扮演的是一个复杂知识体系中的组成部分，物与物之间共同建构场景及更复杂的语义关系，如同众演员共同参与的群体演出。在这场"群体演出"中，物的角色一种以构建场景为主，另一种是以构建语义关系为主，在实际展出过程中，构建场景与构建语义关系不一定截然分开，只是出发点不同，物的角色及物与物之间的结构关系还是会有差异。从构建场景出发，往往意味着以某个曾经发生过的现实场景为原型，所以物与物之间的结构关系都会在一定程度上以该现实场景为参照，每一件物品都被"还原"到曾经的历史情境中去，通过它的具体角色跟周边所有物的语义关系来确定。如果是从构建语义关系出发，物与物的结构关系所遵循的就是语义所要求的逻辑，而不是现实场景所遵循的对"时间、地点、人物"的三一律逻辑。如自然科学博物馆通常采用的林奈分类法和达尔文的共同祖先原则——不同的动植物标本按照时间或者类别序列出现，每一件标本与其他标本的相互位置关系和它原先的生活场景毫无关系，而是以一种人类对它的认识方式来组织。当然，在语义逻辑的组织下也同样会生成场景，但这种场景是典型的展示场景，与原生文化中出现的场景并不一样。例如在戏曲文化馆中将戏服按照戏种类目分类并置在一起的场景与现实中戏服在戏剧场景中出现的符号意义并不相同。非遗展示中的展示物更倾向于一个符号，代表的是叙事文本中的原生文化、精神的无形内涵，物只作为非遗文化的表达载体。

2.2.3 非遗展陈的叙事语境

语境指的是语言环境，狭义上的语境指文字语言的上下文，广义上的语境已经从"语言语境"扩展到了"非语言语境"，包括"情境语境""文化语境""社会语境"。非遗展陈的叙事语境包括了两个方面：一是展示对象的原始语境，另外则是展示环境中展陈对象之间相互关系所构成的新的语境。在实际的展览过程中，非遗的展陈对象大多都脱离了原始语境，而服务于一个主题，重新构成一个新语境。然而如何处理非遗展示中原始语境与新语境的关系，仍是一个值得探讨的话题。

非物质文化具有地域性特征，不同的非物质文化显示了不同地区的人们通过不同的文化手段适应环境、生生不息地生存与发展的方式，也是不同地域的人们自我定位和自我实现、区分群体内部认同与外部认同的基础。与物质文化遗产的地域性不同，非物质文化遗产具有活态性特征，只有在特定的文化空间里才能表现和维持其生命。因此，非物质文化遗产的地域性特征在某种程度上比物质文化遗产更强烈。关于非遗展陈的语境问题，也需充分考虑地域性因素的影响，其中，争议比较大的就包括非遗展示是异地展示还是在地展示的问题。从地域性的形成方式来看，地方的自然和人文环境与遗产事项的密切联系使在地性展示显得顺理成章，而文化传播和变迁作用的存在又为异地展示提供了合理性。但是，真正的在地展示很难做到，在遗产所在地的博物馆展示并不等于在地展示。从遗产事项所在的文化空间，到博物馆的展厅，即使二者之间的距离再接近，还是一种搬离了原生环境的异地展示。因为，博物馆相对于遗产事项来说是一个新建筑，博物馆虽然位于遗产相应的文化区内，却不能取代原生的文化空间。而且，博物馆可能与遗产的文化原址或核心区域并不重合。总之，遗产与其环境的联系终究是被割断的。真正的在地展示，就是要维持遗产与其所在自然和文化环境的相互关系，就像一些生态博物馆和原生地展示所倡导的那样。在地展示能使遗产的地域性特征得到比较完整的维持。然而，对于非遗展示的目的究竟是维持现状还是能在当代语境中产生新的生命力，则是当下非遗展示需要思考的命题。从当代文化的视角来看，若将所展示的非遗与当下现实的批判联系在一起则将非遗展示的意义由重在保护非遗的现状转移为非遗与当代文化的关系中，非遗叙事的语境则由原生的文化语境转移到当代文化的语境中，笔者认为，在当代文化语境中谈非遗的文化意义以及思考非遗在当代文化中的生命形式较刻意维持原有的文化语境更加现实，也更符合非遗活态性的特征。

因此，不论是在地展示还是异地展示，若要考虑到非遗原生文化与当代文化的关系则需要突破原有空间思维的限制，不仅仅执着于"原生态"环境的保留或复原，或一味迎合博物馆空间中的"黑盒子"或"白盒子"的空间模式，而是要探索出一种适合非遗与当代文化结合的语境。"原生态"环境的保留或复原都存在一定的现实困境，在实际的操作过程中难免出现所谓的"假民俗""伪民俗"的形式主义操作，而早先博物馆展览中的"黑盒子"与"白盒子"空间模式只适用于以物品展示为核心任务的展览，在展览中每件展品都自成主角，展品与展品之间的关联度较低。而非遗本身是以无形文化为核心的展示对象，物在其中只是无形文化的载体、佐证，非遗的传承过程本质上是一件"事"，非遗的展览不仅是一种展示手段，更像是一种叙事手段。而非遗展示对叙事性的注重就意味着展览必须在展品与展品之间建立起更加丰富多变的关系，甚至要建立起展品与观众之间更为密切的关系。展品或其他叙事要素都需要根据叙事的逻辑来进行有意的安排，展品与空间、展品与观众之间的关系也需变得更加有机、灵活和戏剧化，以便各个要素间形成既有关联度又有灵活性的关系，整个展览内部形成一个不可分割的叙事体系。因此，非遗展示中展示空间的概念不能简单套用传统展示概念中把空间当作容器的看法。英国学者齐格蒙特·鲍曼在《在为实践的文化》中曾对现代意义上的空间做过如下描述："空间——现代空间——是管理和控制的对象。空间是负责'主要协调'任务的权威游戏场，是制定规则让'内部'统一的同时与外部相分离的游戏场；是同化异质并将分化的部分统一起来的游戏场；简言之，是一种松散的集合体重塑为统一系统的游戏场。"① 可见，鲍曼对空间概念的理解并非从物理空间的角度出发，而是侧重事物结构之间的管理、控制、协调、规则、统一、分离、抚平、同化、重塑等关系。也就是说，现代意义上的空间语境，要从关注事物之间的结构关系开始，而不是空间本身。叙事空间的界定已经与事物结构关系的界定连接在了一起，空间要么是事物结构关系的"协调者"，要么是事物结构关系生成的结果。非遗的展陈空间就是一种文化叙事的"游戏场"，通过它来"制定规则让'内部'统一的

① ［英］齐格蒙特·鲍曼：《作为实践的文化》，郑莉译，北京大学出版社2009年版，第30页。

同时与外部相分离"，同时把"一种松散的集合体重塑为统一系统"——一个完整的叙事。

第三节　非遗叙事的结构

2.3.1 非遗叙事的形式结构

文学作品中的结构指的是作品内容的组织、安排构造，如词组结构、句型结构、段落结构。非遗展示也如文学作品一样，有它的谋篇布局和遣词造句，观众和读者都是接受文化传递的受众，从这一角度来看，他们对美的作品都有一个思维上的接受结构，这个结构又是基于人的情绪上所主导的接受节奏而发挥作用的。因此，非遗展示的叙事结构同样基于这一特征，其叙事结构主要由以下几个方面构成。

（1）展品——客体

在非遗展示中，"事"是非遗展示的核心展示对象，物与传承人则是"事"中的重要角色，当他们出现在展示的语境中时，就意味着将会成为观众重新审视的客体。大多数非遗展示的展品揭示了曾经在现实生活中的物品，还保留着与当代生活和人类记忆的联系。当进入展览的叙事体系之后，则会在叙事的安排下承担新的角色，在新的语境中被观众重新感受与认知。

（2）展示空间——场

展示空间是展览的"容器"，是展览中"事"发生的"场"。不论是有形文化还是无形文化，物理的展品还是虚拟展品，都将在这个"场"中发生。随着人们对非遗的认知的深入，非遗展示的场也发生演变，从博物馆的展厅到非遗的原生环境，从实体的空间到虚拟的空间，从展示场所到叙事空间，从文化的保护区到社会的实验室。

（3）观众——主体

在现实社会中人们有着各种各样的身份，但只要进入展览中时，便都成了观众。随着展览理念的不断深入，观众的概念已不再仅仅是被动"看"，而可通过不同的感官去感受，"众"也不再是统一且被动的概念，其主体性的一面也在不断被强化，观众的积极性、参与性、个性化也在日益凸显，并以不同的角色或方式参与到现场的展览叙事中。

（4）叙事——重建关系

非遗具有自身发展的历史，传承有序，具有地域性，有传承人，是活态发展、有来龙去脉的"事"，但非遗的"事"多为人类在生活中自然形成的文化积累，在非遗展示中所展示的"事"则是可以安排组织的叙事。如果说非遗本身的"事"是一种客观的存在，那么非遗展示中的"事"则是从文化的视角出发对客观存在进行提炼后的再创作。虽然非遗展示中的文化叙事与生活叙事所涉及的元素大致相同，展品也大多曾是生活中的物品，展厅是曾经生活中的空间或复原空间，观众也是生活中的人，但非遗展览是一种区别于日常生活的文化产品，因为它是依据文化判断来选择并通过文化视角组织出来的。随着展览概念的发展，展览叙事也逐渐向解释知识、表达想象、传达新的观点的方向发展，从最初由博学家视角的权威叙述到更多陈述人参与叙事，叙事的结构与内容也就有了更多的可能性。

2.3.2 非遗叙事的内容结构

非遗展示的物质形态是展览叙事得以建立的基本条件，但还只是形式层面上的结构，而其文化价值则要靠其内容层面来体现。叙事的内容往往体现着展览与现实的距离，展览虽然看上去具有现实感，但实则与现实世界始终保持着若即若离的关系。在传统展示概念中，展览与现实被博物馆展厅相隔离，展览的内容与现实较远，而展览叙事注重对事件与客观存在的还原，因此，传统展览与其叙述的对象相对较近。而今天，展览的概念逐步发展，展览的内容虽展示过去的文化，但话题与当下的现实直接相关，展览的空间也逐渐与社会空间相融合，因而展览本身与当下的现实很近。同时，展览叙事的主旨意在启发当代人对非遗文化的思考，为其所原有的文化注入新的可能。

由此可见，非遗展示的内容是存在于现实与想象之间的事，展示的内容结构也体现在现实与想象的联系之间。在展览的内容结构中，中间部分是展品、展示空间、观众与文化叙事；与现实相联系的是非遗曾经在现实中的文化语境，其生活物品、社会空间、人物身份在现实生活中的意义；与想象世界联通的是他们作为文化符号被重新认识的一面，在展示中，展品被叙事重新编排成新的客体，展示空间成为新的场，观众也成为新的主体，文化的意义也以当代人的视角重新被认知。随着社会语境的变迁，展示的内容中以哪种要素为主，是离现实更近还是与想象更近，需要根据当代文化的需求来定义。

2.3.3 非遗展陈中的叙事元素

对于叙事的定义，Rimmom-Kenan 认为，作为叙事的最低条件应具备"双重的时间性"以及存在一个"叙述的主体"。所谓双重的事件性即一个事件若被定义为叙事则必然存在着故事所发生的时间以及叙述故事当下的时间。对于"叙述的主体"，这里 Rimmom-Kenan 特意没有使用叙述者这一概念是为了"留给类似电影那种不是一个叙述声音，而是由一种复合中介主体为代表者发挥的空间"。在此基础上，叙事成立的条件还包括开头、中间、结尾的过程、主角行动的一致性、因果关系造成的状态改变、接受方的存在等等。而对于非遗来说，并非所有适合叙事的内容都完全符合以上条件，对于这些内容，则可引入 Rimmom-Kenan 提出的另一个重要的概念——"叙事元素"。他认为在前述最基本条件得以满足的情况下，若其他条件并不完全满足，则可视该内容为"叙事元素"，而非叙事。关于"双重时间"和"叙述的主体"条件对于非遗展览来说，一般是具备的，甚至还可涉及第三个时间，即策展的时间或观众参观的时间，但要求全部内容都符合叙事定义的所有条件则比较困难，因此，非遗展示中将只涉及一定比例的"叙事元素"。以《含英咀华》展陈为例，虽然整体展览作为一个叙事，有主角不突出、情节平淡及因果关系不显著等问题，但在展览的组成单元中，却可发现更微小叙事的运用。譬如在"书房恋物志"单元中，展出了许多现代书房经常出现的文具与薄本。展览并非为了介绍这些物件的制造商或功能材质，而是陈述该文具与其拥有者或使用者之间的关系，因此是呈现一个物件背后的故事。伴随陪伴一个画架的是一个5岁小女孩如何爱画画的故事；一本书背后是一个研究生日常生活的心情记事等等。展览选择以这样的方式呈现书房的物件，烘托了展览希望说明书房中人物之间亲密关系的用意。"叙事元素"在展览中能以故事化、有温度的呈现方式带给观众以亲近感，调节展览内容过于学科化的分类系统与知识化信息的说明。

举办于2013年的展览"失恋博物馆"是另一个运用叙事元素概念的展览。该项展览为坐落于克罗埃西亚萨格勒布的"失恋博物馆"巡回展览。[①] 该馆是一对分手的恋人于 2006 年共同发起，主动收集招募来自各个国家的人们在一段感情结束之后具有象征意义的物件，并将物件与其背后的故事写成一段描述一同展出。这样的概念极能获得人们的共鸣，因为尽管物件的来源有其地域性的差异，但背后所蕴含的人性与情感是共通的。《经济学人》2010 年 11 月 25 日的一则报道指出："如果他们只是陈列一些旧靴子、晕机袋和毛绒玩具，那么看起来可能像一堆没意义的旧货，但有时物件旁令人心碎的故事或只是几句简单的句子便能赋予它们全新的生命"。[②]由此可见，叙事元素的加入可以有效地连接展览对象与观众生活中的经验与记忆，而非只是阅读物品冰冷的知识信息。当展览中的展品所连接的不再是冰冷的知识讯息，而是经过人们生活经验孕育出的故事时，一个展览便同时拥有一个或多个叙事元素。

2.3.4 非遗展陈叙事中的修辞

修辞在文学作品中是增强言辞或文句效果的艺术手法。而非遗展示的叙事中所用到的修辞手法，则涉及符号的概念。世界上的任意事物，如若能被人类感知、体验，则皆会被人重新定义和理解，这一过程就是符号化的过程。而展示是策展人对事物再现的过程，

---

① 参见 http://brokenships.com.
② "Art of remenbering:That was then"，The Economist. 25 November 2010. http://www.economist.com/node/17572434.

观众参观展览的过程即根据自己的经验结合展示叙事对展示对象的再认识。

从结构关系来看，非遗展示中的物与空间的逻辑性结合是展示的基本构成。而展品与空间的关系则是一种符号化的文化构成。结构主义之父、瑞士语言学家索绪尔在他的语言学理论中，提出了一种二元的符号系统。他认为符号是一个微型的自足结构，由能指和所指两部分组成。能指即"符号具"，它是符号的形式，表现为一种直接作用于人类感官的声音、图像或物体等，既可以是具体的实物，也可以是抽象的文字或图案，它的作用是指向它自身之外的某种意义；所指即"符号义"，它是符号所代表的对象，指向被联想的事物，是通过符号载体来提示、显示和表达的。一个事物是否构成符号，关键看它是否具有指向它自身之外的特定意义（所指）的能力。叙事理论中与符号意义相关的两个重要概念则是"隐喻"和"转喻"，隐喻是用本体（能指）来比喻其在文字或习惯上难以比喻的客体或行动（所指），含有所指与能指的互换或转代；而转喻则是以客体的某个特征来表示其整体，其意义依附于符号，能够使物质客体表达出抽象的概念。在展览展陈这一文化表现的整体中，展品作为一种具有文化含义的客观存在，本身就体现了符号的能指与所指的结构关系，以一种客观的真实隐喻了其所处的社会、经济、文化环境所带来的意义，同时以自身的代表性转喻了一种经典的象征。展品的组合又实现了这种隐喻的结构性特征，这种符号组合中隐喻和转喻的使用进一步表达出比展品符号中的外在现实意义更深一层的意义——文化观念。

从叙事的内容层面来看，非遗展示的展示手法是铺陈故事的织网，推动着故事脉络的建构。在展示中的相对客观性允许展示手法在一定范围内增加艺术感染力。从表达层面上看，展示、物件的陈列结构基本上以隐喻和转喻为主，前者是将陌生的事变换成让人熟悉和容易理解的说法，后者是以用某件事物的一部分或一个要素去代表那个事物的整体。除了隐喻和转喻，非遗展示中还可能用到的修辞手法包括排比、拟人、对比、夸张、接待、反复、想象等。非遗展示中所要展示的核心内容围绕着非遗的无形文化，其中传承人、物品等都是无形文化的载体。因此对这些展示对象的排布必定以无形文化为中心，并置、区隔交替、相互取代、重复与层层包叠等都有其特定的目的。例如在"文房清玩"主题中，一排印章透过反复与并置的方式，强调其重要性；如提喻与隐喻的交错使用，前者强调展品作为特定时代的代表与见证（如古代书房的布置），后者暗示一种普遍原则（如现代书房的布置以及书房恋物志的文具），当中的灯光、色彩也都扮演着一定的角色。

第四节　叙事性与展示性

2.4.1 从无形到有形再到无形

德国戏剧家席勒有一句经典论断："一切叙述体裁使眼前的事成为往事，一切戏剧体裁又使往事成为现在的事。"[①] 从表面上看，这个论断点出了叙事体裁和戏剧体裁截然相反的一面。也就是说，叙述可以把近处的事推远，让人从各种利害相关的细节中抽离出来，通过制造一定程度上的隔离和陌生化来破解生活中常见的"熟视无睹"现象，以形成新的观察；而戏剧则可以把远处的事拉近，通过演绎，把看似过于久远、与己无关的事与当下观众所处的时代及环境连接起来，挖掘出其内在的某种共通的东西，并进一步把它强化出来。其实席勒除了点出叙事体裁和戏剧体裁的不同之外，还暗示了两者所共有的一面——通过"叙"的手法可以营造出观众与"事"之间的适当距离，只是在叙述体裁与戏剧体裁中用力的方式截然相反而已。

非遗展示与叙述一样，也是"调控叙述信息距离的两种基本方式之一"，"展示属于通过对状态、事件的细节性、场景性的表

---

① 周宁、何颖：《动作与戏剧性：谭霈生戏剧本体理论的基石》，《戏剧（中央戏剧学院学报）》2003 年第 4 期，第 31–39 页。

现，并以最为有限的叙述者介入为特征的类型"。[1] 非遗展示是将非遗中无形的观念、技术与精神通过有的器物、人、情节来加以呈现。"展示"本身被认为是客观的、非人格化的，或戏剧式的，是事件和对话的直接再现，故事被不加评价地表现出来，叙述者从中消失，留下读者在没有叙述者明确评价的情况下，从他自己的所见所闻中独自得出结论。展示往往没有预设好打算呈现的内容，只是对"往事"的再现。"讲述"则是以叙述者作为中介的再现，让叙述者控制着故事、讲述、概括，并加以评论。在展示基础上的叙事便有了对"往事"重新演绎的过程，由叙事参与的展示相当于创造了一个再发生的新现场，使往事在新的场域中成为"现在的事"。非遗的叙事性展示便是在有策展人、陈述人、观众的观点参与下的对实时加以编排的叙事。从无形文化到有形的展示对象，再到观众所理解的展示事项中新的无形的观念，这是一个传统文化与当代文化再沟通的过程。其中所体现出来的展示性只能是"往事"留下的背影，如果要把展示的价值定义为能将往事重现的活动，那也只能是做到水中捞月罢了。展示性更像是一个中介，将过去的文化与现在的现实之间沟通起来，如果两者之间距离太远，展览则是一座桥梁；如果两者之间太近，展览便在现实之外隔出一段距离来回看这个现实。

---

[1] Gerald Prince, A Dictionary of Narratology. Revised Edition. Lincoln: University of Nabraska Press, 2003, p.89.

　　非遗的展示看似是对过去文化的回顾与认知，但真正的重点仍然是"当下"与"我们"，是通过对过去文化的思考与回忆，唤醒某些情感与记忆，为今天带来启示，回到当代的问题上，使得非遗展示通过观众的回忆与联系，在往事的叙事中与当下现实产生共振。而共振的频率点在于，剥离了具体的情节与内容、历史、地域、文化等外在因素后，所剩下的人性与世界的本质问题，这便是从无形到有形再回归无形的过程。如以第二次世界大战为主题的阿姆斯特丹的安妮博物馆，它只是第二次世界大战后诸多纪念纳粹迫害的死难者博物馆中的一座而已，且规模也有限，只因小主人公安妮留下了她的一本日记而形成了对二战的一段记忆材料，展示正是通过这本日记的独特视角和框架来叙事。观众参观展览的过程，表面上只是在回顾二战的这段历史，实际上是走进一个因纳粹的迫害而常年躲避在一栋房子夹层里的小女孩的内心世界。所有的遗物与空间都是为内心世界的呈现而编排。从这样一个特殊的弱小的视角来看待二战这样一段规模庞大、悲壮的历史可以说是管中窥豹。而当观众与曾经的小女孩相链接时，"往事"与当下之间似乎就产生了共振。因此，非遗展示的展示性目的并不在于要返回某个旧世界，而是借助叙事性的回顾过程来突破具体事实和经历的羁绊，引导观众进行一次更深刻的思考，甚至是走进思想性与哲学性的层面，把对万千世界各种具体存在的认识跟我们自身的存在状况联系起来，寻求世界的普遍原理和生命的本质意义。

2.4.2 从讲（编）故事（策展）到读（听）故事（参观）

如前所述，非遗展示作为一种策展意念与观众之间沟通的策略，起着往事与现实的桥梁作用，也是策展人与观众的对话机制。Michael Belcher（1991）认为，"展览应定义为一种对观众有所企图的呈现，一个带有目的的展现，此一展现有意对观众产生影响"。Peter Vergo 则说："在大多数的展览，被聚集在一起的物件并非为了它们单纯可见的外形或是它们并置的效果。而是因为这些物件被嵌入一个我们希望它们述说的故事。展览的脉络赋予物件一种特别的意义。"在策展的过程中，叙述者处于叙事行为的主体地位，展示中可见的物件或空间环境是展示的可见客体，而由叙事组织起来的这一整套感受、意义和在时间与空间上的流程关系是展示中不可见却客观存在的客体。对于观众是展览中的主体还是客体，则存在一定争议。若是在传统的展示机制中，观众从日常生活中走入展览，则从生活主体切换成了感知主体——观众。人们从现实生活中对一切"发生"都与自身利害相关的"生存有利"感知中脱离了出来，进入了展览系统的"叙事有利"原则中，在"叙事有利"原则中，不论展览中的"发生"多么惊心动魄都不会在现实层面给观众带来实际的利害关系，观众只是在用感官体验而已。若是整个叙事感官系统是固定的、封闭的，则意味着进入展览中的观众没有任何的自主权，只能按照叙事安排的流程去理解和体验，就如同寺庙中的膜拜者与电影院里的观众一样，是没有主体性的观众，那么其主体地位也是不成立的。但如果将观众也放在叙事者的视角，展览的整个叙事系统是对观众开放的对话关系，观众则在展览中建立起一种"行动上"的展览叙事关系。观众作为叙事体系中的行动者，对当下所处的情境有清醒的认识和判断，甚至形成自己的观点，让展示从一种单向的"叙述——倾听"的关系发展为一种双向的"发言——评论"或"演讲——对话"的关系。展示的叙事方式也从单一的、标准化的讲授模式，发展为延展性的、启发性的、讨论与对话模式。

第五节　非遗展示叙事的独立性

前面关于非遗作为展示主题特征的讨论时，笔者提到非遗不同于物质文化遗产，既具有与博物馆的权威性相矛盾的商业性，也具有与民间日常生活相亲近的接近性，这就决定了非遗展示的叙事不能完全回避商业性、娱乐性及与日常生活叙事的关系。如何在保证非遗展示的叙事成立，同时又确保其在商业、科技、生活等当代复杂环境中保持其文化视角的独立性是本节首先要讨论的议题。

首先，非遗展示的叙事是构想性的，也就是对非遗事项的主观选择并阐释的片段是与非遗原貌有一定距离的，同时也是以与现实有一定距离的方式来对现实负责。正如瑞士策展人汉斯·乌尔里希·奥布里斯特（Hans Ulrich Obrist）所言："在某种程度上，艺术的一股伟大力量是它提出的一个不可适用的模型，在不同时代里则可能变成可适用模型。"① 更何况，非遗展示的叙事是基于非遗现实的叙事，并不是纯粹的虚构。它与现实的距离本质上在于其叙事是以一种文化的视角来对现实进行重建，像是一座文化生产的工厂，但又不仅仅是文化生产的工厂，同时还是一种带有探索性与前瞻性的"社会实验厂"或"社会温室"。一些在社会现实的桎梏中无法企及的想法或创造都可以在非遗展示的叙事中被孕育出来，从而形成对当代现实有价值的文化内容。

此外，要探讨非遗展示叙事的独立性问题，就必须考虑到其对立面，通过对其对立面及其关联性的分析来探讨其自身内向性问题。可以说，如果传统博物馆中的文物展示完全被保护在这个文化圣殿里，则不会牵涉展览叙事的独立性问题，而非遗展示正是为了突出主体价值而要打破传统博物馆体制的围墙，使非遗展示中的文化叙事能尽可能地与现实生活交织在一起，因此必须面对独立性问题的讨论。我们是在非遗展示的叙事与现实生活相影响的前提下来讨论非遗展示叙事的文化独立性，笔者认为有两点至关重要：一是文化上的纯洁性，二是叙事上的完整性。所谓文化上的纯洁性，主要是指文化视角的纯洁性，不要为政治、商业和娱乐等世俗力量所侵蚀；而所谓叙事上的完整性，就是指在复杂的现实环境中保持完

---

① 汉斯·乌尔里希·奥布里斯特：《关于策展的一切》，任爱凡译，金城出版社2013年版，第73页。

整的文化叙事结构，不要为世俗生活的叙事所肢解或冲垮。同时，非遗与生活的接近性及本身的商业性决定了非遗展示叙事的独立性必然是一种相对灵活的独立性，而不同于过去博物馆中的那种绝对封闭的独立性。这种看似有些含混的独立方式，或许能使非遗展示叙事容纳更广泛的社会资源，与世俗生活产生更深入的互动，而非遗展示的出发点本身也具有反传统博物馆精英化的文化模式的特点，跨越与当代生活之间的鸿沟，从而实现活态化。

以当代现实社会中的商业性为例，传统博物馆体制为了维护博物馆权威性的文化地位，往往将商业性作为与文化性相对立的存在因素。但对于非遗来说，一方面其部分非遗项目本身就具有商业性，就算在展示中作为文化叙事的主体，其与商业性之间的间接接触也是有益的。一方面，很多当代展览都接受商业赞助，商业品牌和公司名称甚至可以直接出现在文化性的展览中。另一方面，有些非遗馆直接以"非遗＋销售"的模式，在展示的过程中就进行产品的售卖。笔者认为商业性元素与非遗展览叙事的结合本身并无不妥，只要它最终能变成文化视角下的观察对象即可，商业元素本身并不是障碍，背后的商业考量也不是问题，只要在叙事视角上保持文化的独立性，非遗展示叙事就会是一种文化行为。所以，要在与商业性的结合中保持非遗展示叙事的独立性，需要的不是僵硬的"墙"，而是灵活的"网"，即文化的视角。

当非遗展示叙事与当代生活相结合时，还有一种焦虑是其会不会因大众文化的影响而过度娱乐化。虽然有理由对赫胥黎在《美丽新世界》与尼尔·波兹曼在《娱乐至死》中是否将文化变成了一场滑稽戏感到担忧，但也不能就此断定非遗展示必须与娱乐绝缘。就像理查德·沃尔特在《剧本：影视写作的艺术、技巧和商业运作》中所指出的，在谈到文化时，我们对娱乐往往是有误解的，"长久以来，'娱乐'一词笼罩着贬义色彩，它暗示的内涵是短暂、肤浅、琐碎、无足轻重，这是不应该的……（它不是指一个人在脸上画油彩，然后跳踢踏舞，以'娱乐'某种观点；而是在脑海中玩味它，掂量它的分量，查看它，权衡它，赋予它价值并进行深思）"。①

或许我们应该把所谓的严肃文化与娱乐的关系分为两个层面来看：一是过去的博物馆由于太在意保持知识的神圣感，摆出一副极其严肃的面孔。但在今天看来，非遗本身来自民间生活，是生活的一剂调味剂，而非遗展示本身需要打破博物馆权威性的展示体制。因此，在考虑展示的体验性时，将其与娱乐性相结合是不可避免的。然而，如何在这过程中保持其独立性，这其中既有方向问题，也有方法问题或者尺度问题。二是，知识性和思想性与娱乐性和体验性之间不可否认在某种程度上存在对立。今天仍然存在许多非遗展示过度追求娱乐性，以及用体验性来替代知识性和思想性的问

①［美］理查德·沃尔特：《剧本：影视写作的艺术、技巧和商业运作》，杨劲桦译，天津人民出版社 2017 年版，第 73 页。

题——用罗伯特·麦基的话说就是"用奇观来取代实质，用诡异来取代真实"。① 比如有些非遗原址被开发成旅游基地，为了满足游客对非遗文化的好奇心，聘请演员演绎原本的文化活动，但为了迎合当代观众的大众审美加入了许多与原本与非遗文化无关的元素，从而造成旅游项目千篇一律，同时损害了非遗文化的本真性。这确实会引起人们尤其是学界人士的担心，但并不能说明非遗展示就要完全杜绝娱乐性。对照电影产业的情况，电影的娱乐性与体验性都很强，但这并不妨碍电影成为一种艺术性和思想性都很强的叙事形式。只要人们意识到这种问题的存在，就能把握保持其文化独立性的尺度。

从叙事的角度来看，把非遗展示叙事融入当代生活叙事之中，就是在日常叙事中插入文化叙事。然而，不论这两种叙事之间有怎样的联系，这两者在视角、结构秩序及叙事关系上都截然不同。正如社会学家布尔迪厄所认为，场域是通过其内在机制来构建的，"进入（场域）意味着心照不宣地接受场域的基本规则"。② 也就是说，无论文化圣殿的围墙是降低了，还是拆除了，非遗展示叙事的独立性都得靠在叙事内部建立紧密关系和对外保持距离来实现：对内要做到叙事序列之间有足够的"密度"，不能被"撕裂"；而

---

① ［美］罗伯特·麦基：《故事：材质、结构、风格和银幕剧作的原理》，周铁东译，天津人民出版社2014年版，第6页。
② ［美］戴维·斯沃茨：《文化与权力：布尔迪厄的社会学》，陶东风译，上海译文出版社2012年版，第146页。

对外，也就是与日常生活的叙事之间要保持距离——既然不能依靠围墙，就得依靠自身的文化叙事的独立性。这里或许可以参考戏剧与生活关系的发展：戏剧也是一种在真实空间中展开叙事的文化形式，在传统戏剧中，也需要依靠舞台的三堵墙以及舞台与坐席之间隐形的第四堵墙来隔离戏剧与日常生活，从而保证舞台上的戏剧叙事是连贯的、有"密度"的。而在布莱希特之后，戏剧尝试打破第四堵墙的束缚，将剧场的现实环境也加入叙事的结构中。而后的环境戏剧则更为开放，直接将舞台与现实空间相融合，演员、观众甚至无法从第一眼就辨识出来，戏剧叙事与日常叙事相交融，戏剧成为日常的一部分，日常也作为戏剧的一部分。观众则需要靠自己的理解或参与将文化叙事从日常生活中实践出来。由此，我们或许可以得到这样的启示：对于文化叙事与日常生活叙事的交融，需将现实生活中的部分内容"转化"到"文化叙事"中去，从而保证文化叙事的密度与厚度。

对于生态博物馆或社区保护地亦或是传承人的工作室，其生活中的日常叙事就自然而然转化成了文化叙事的一部分。而外来的学者、观众等资源则带来了与此话题相关的新观点或实践。这种展示方式要注意对该话题的现场讨论与实践，这一部分是在该地展示用来强调其文化身份的，是增强文化叙事"密度"与"厚度"的行为。同时，观众参观后的思想认知、一言一行都将为该非遗文化的主体带来持续性的发酵。从结构上来看，这样的展示叙事是散点式的，逻辑性相对较弱，但其文化叙事与日常叙事的交融十分深入。这样的文化叙事从另一方面对观众提出了更高的要求，需要观众具备从复杂信息中提取关键信息组织并形成自己的理解，并且主动地参与到展示的叙事中，这与传统展示被动接受信息的方式截然不同。然而社会的发展不光是在塑造新的展示形式，也是在塑造展览中的新观众，在这样高密度融合的展示环境中，观众自身的感受力、体验与观念的启发都有利于非遗文化的活态发展。

第三章　非遗展示叙事的空间性

第一节　展览中的叙事性空间

3.1.1 真实空间下的"空间概念"

在上一章节中，分别对非遗展陈叙事中非遗叙事及叙事性的概念进行了研究，本章将继续对非遗展陈叙事中所涉及的空间的概念进行进一步探讨。

在前面所提到的经典叙事学与后经典叙事学中，都曾有过对于叙事性空间的研究。经典叙事学中所讨论的叙事空间主要限于文学范畴的叙事空间，后经典叙事学则主要将这一范畴拓宽到了电影领域。在当代建筑设计领域，也有不少研究将叙事学与建筑空间设计相结合，从叙事学视角去研究建筑的空间设计，进一步为叙事性空间的研究积累了大量实践与理论材料。因此，就叙事性空间的概念而言，其意义的界定需要针对具体的叙事对象来讨论。

在经典叙事学时期，普遍认为叙事是由"故事"与"话语"两部分组成。其中"故事"指的是叙事中的"事件"与"实存"，而"实存"通常指叙事中的人物要素与场景要素，其中的场景要素即空间维度。事件则是已发生或正在发生的事情，主要与时间性相关，由此可见，在经典叙事学时期就发现叙事既具有时间性也具有空间性。对于这一概念的探讨，西摩·查特曼（Seymour Chatman）曾在其著作《故事与话语：小说和电影的叙事结构》中提出故事空间（Story-space）以及话语空间（Discourse-space）的概念。故事空间指的是被叙事的内容所发生的当下环境，话语空间则指的是叙述者所在的空间，或者可以理解为叙述内容被叙述时所在的空间。此外，查特曼对电影叙事与文字叙事中所涉及的故事空间概念进行了对比，他认为电影叙事中的故事空间是通过显示器来呈现的，观者能通过眼睛真实看到显示器中所模拟的现实空间，电影所呈现的空间是明确的，空间中的客体、关系等能在真实的世界中找到具体的对应空间。但这一空间形态只限于视觉感受，通过视觉进而由人的大脑产生空间构建，仍然不同于实际的空间体验。书中曾指出"在现实生活中看见的一系列客体，与在电影上看见它们，二者间的主要区别在于画框所执行的武断的剪接。在现实生活中，除了一个逐渐聚焦的过程使我们感知到所看见的东西之外，并不存在一个黑色的矩形边框鲜明地限定一个视觉界域。"① 由此可见，电影中的叙事性空间只是一个与真实世界高度相似的二维空间。而文字叙事中的故事空间则是完全抽象的，需要读者根据自身的认知经验去建构，因此每个人所建构的空间体验也是不同的。②

叙事性空间在建筑领域的呈现模式与文字叙事或电影叙事又有不同。叙事性空间在建筑层面的基本特性首先是建立在叙事性结构基础上的，是"借助空间的物质与非物质要素，将空间的人文信息及其语境（历史和文化故事、集体记忆等）呈现出来。"③ 建筑师纳德·屈米（Bernard Tschumi）对建筑中的叙事性空间进行了深入研究，他将电影中的各个故事情节做了抽象化的图像处理，并以此为依据对建筑空间形式进行设计。他认为"建筑空间需满足行动、事件、程序和暴力四个条件才能构成叙事"。④ 其中的事件要素与文学叙事性空间的构成要素一样，是叙事性不可或缺的部分。也有建筑学家从建筑学的视角对电影中的情节空间展开研究，通过建筑语言来解读电影，从而探索建筑叙事性空间与电影叙事性空间之间的差别。国内学者张永和认为"建筑如果具有能指（表达能力），

①Seymour Chatman. Story and Discourse:Narrative Structure in Fiction and Film[M]. New York. Cornell University Press,1980:96−106.

②Seymour Chatman. Story and Discourse:Narrative Structure in Fiction and Film[M]. New York. Cornell University Press,1980:96−106.

③ 陆邵明. 场所叙事：《城市文化内涵与特色建构的新模式》，《上海交通大学学报（哲学社会科学版）》，2012 年版第 3 期第 70 卷，第 68−76 页。

④［美］伯纳德·屈米：《建筑概念：红不只是一种颜色》，陈亚译，电子工业出版社 2014 年版，第 74 页。

而无所指（表达内容），建筑的所指也许即是能指本身。"[1] 也就是说，建筑叙事性空间与电影叙事性空间之间的差别在于建筑叙事性空间不存在"语言"要素，也就是说建筑不能像人一样用语言来进行表达，它只能通过自身建筑的材料、体量、色彩、机理以及空间形态等要素来唤起观众的想象与记忆，从而产生叙事性空间。简单来说就是"故事"即建筑本身。

根据以上梳理可知，叙事性空间就是具有叙事性质的空间，既可以是现实层面的空间也可以是抽象层面的空间。空间叙事性的主体是空间，空间本身作为叙事的载体，通常指的是实体空间。本文所讨论的非遗展览的叙事空间是一个真实的实体空间，它作为一种叙事的媒介，其同类范畴中的对立面是小说、电影、戏剧、口述等叙事媒介，不同于其他媒介中的二维空间或抽象空间，展陈叙事空间是真实的实体空间，这点与建筑叙事性空间所呈现的特点一致。此外，虽然一般的展览也都是在实体空间内进行展示，但叙事展览的实现，是需要将叙事内容的时间线附着于叙事空间中，因此单纯对实物展品的陈列虽然也是具体的空间形态，但并不足以形成一个完整的、具有叙事性的叙事空间。叙事展览的非连续性与非实物展品的媒介转化决定了叙事空间的建构需要采用多种手段共同完成。因而展览的叙事空间往往是一种复合的叙事空间，既包含电影叙事

---

[1] 张永和：《作文本》，生活·读书·新知三联书店 2005 年版，第 45 页。

也包含文字叙事，甚至是建筑叙事，叙述者与受述者所在的话语空间也可能是同一个空间，这是展览叙事区别于电影、文本、口述等其他叙事载体的特有形式。

展览叙事中的真实空间本身就作为叙事的载体参与非遗内容的表达，并且关系到如何把握文本、电影以及真实空间中抽象的、二维的、现实的空间之间的关系转换及路径表达，即展览所呈现给观众的空间是抽象、二维与现实空间共同作用下的空间形态，是非遗展览的策划者所塑造的"空间概念"，这个空间概念既包括影像资料或图片资料所记载的二维空间，也包括物质文化遗产或展览场所中的现实空间，更是非遗传承人及策展人各自经验、想象中的抽象空间。因此，叙事展示中的真实空间并非仅仅是物质层面的现实空间，而是一个在真实空间环境中建构起来的"空间概念"或者说"文化空间"。

3.1.2 弱强制性

不同叙事媒介的传播特性决定了叙事媒介对信息接收时不同程度的强制性。比如，电影与戏剧的叙事几乎是由导演提前规划好的，观众无法对叙事时间线做自由的选择，同时观众在电影中通过视觉感受到的二维空间画面也十分具体，观众可联想的空间有限，并且在一般情况下电影有自身规定的观看空间——电影院。即使观众对观看电影这一行为有自身的目的，如只为观看某个演员的表演或者有不想接受的电影信息，都无法控制电影的完整播放，所有的信息都将无法阻挡地展现给观众，整个信息传递的过程也是单向的。相比之下，文字叙事对于读者的强制性就相对弱一些。读者不仅可以自由选择自己阅读的时间与空间，而且对于叙事内容的阅读顺序、段落、内容的长度都可根据自身需要进行选择，小说阅读的时间轴可以是繁复的，因为读者可以随时反复阅读。同时，小说的叙事性空间是抽象的，因此"一千个读者会有一千个哈姆雷特"，每个读者所想象出来的叙事性空间也是不一样的。

而展览的叙事性空间则存在更大的自由度，由于展览空间的真实形态，展览的参观过程是观众在行走与站立的交替间完成的信息接收。也就是说在展览的真实空间中，观众的行动是完全自主的。展览中甚至没有小说等文字性叙事媒介的"页码"，观众的参观行为是完全自由的状态，看什么内容不看什么内容、观看的顺序完全由观众自己决定。杰·朗斯（Jay Rounds）研究指出，观众在展厅中的行走路线很难预测，观众的参观轨迹基本上是被自己的兴趣所驱动的。①

相对而言，小说与电影采用的是静态接收信息的方式，且接收信息的顺序、时间长度有一定的范围，从而更方便叙述者通过控制话语时间来推进对方理解内容的过程。而参观展览是一种动态的、

---

① Jay Rounds. Strategies for the Curiosity-Driven Museum Visitor[J]. Curator: The Museum Journal, 2004,47(4）:389-412.

弱强制性的接收方式。这种方式一方面给予了观众最大的自由度，另一方面也在一定程度上增加了策展人或非遗传承人叙述逻辑的难度。展览叙述者所策划的叙事逻辑是依附于话语时间上的，但在自由的叙事空间中如何让观众按照展览的叙事线来参观是一项很大的挑战。只有当参观者的行动线与叙述者的时间线在空间推进中相吻合时，才有可能完成一个完整的叙述过程。不受控制的观众参观路线一方面打破了故事的讲述，让叙事展览无法成立；另一方面，观众也会对碎片化的展览信息想要传达的本质感到困惑。因而，一个完整的叙事性展览，也很有可能因为观众参观行为的不受控而不成立。这是展览叙事性空间在设计与策划时需要考量的现实问题。

第二节　非遗展陈叙事中的三个空间线索

在上一节中，主要从实际的空间层面就展览这一叙事媒介的叙事性空间的特征进行了研究，在这一节中将会从非遗展陈叙事的内容层面来对空间性展开研究。对于叙事空间的研究，加布里尔·佐伦（Gabriel Zonan）早在 1984 年就在其著作《走向叙事空间理论》中构建了空间在叙事中的三个层次：（1）地志的空间。主要指作为静态实体的空间，可以表示一系列对立的空间概念（如里与外、村庄、城市），也可以是人或物存在的形式空间，如现实与梦境。（2）时空体空间，即由事件和运动形成的空间结构，包括共时与历时两种关系，共时指在任一叙述点上或运动或静止的客体在叙述中所相互关联而成的空间关系，历时则指在特定的叙事内容中空间的发展存在一定的方向或运动轨迹，它受叙述者意向、人物意图与行动、情节阻碍等因素的影响。（3）文本的空间。即通过语言文字所表达的空间，通常是抽象的，无法表述空间的全部信息。[①] 本节将在此基础上，对非遗的展陈叙事所对应的三个层次做进一步的探究。

3.2.1 地域空间

非物质文化遗产是人类在抽象的、均质的地域空间中形成的有差异、有特色的人类文化，从而使无差异的均质空间转化为具体的、异质的、具有地域性的文化空间的关键因素，这也是文化地理学中"空间"与"地方"的区别所在。相反，非物质文化遗产的地域性差异的存在也是必然的，这种差异也通常在空间上做出划分。如南方与北方，西方与东方的文化都是在各自地域空间的物质条件下发展出来的一套具有地域特色的生存策略，同一种文化事项在不同地域空间中的意义也是不同的。岭南地区的非物质文化遗产凉茶便是一种地方性知识与文化习惯，它所反映的是广东人对自然环境、身体感受的"冷——热"的认知与调节，是在特定的地域环境下，人与自然相互融合的结果。不同于物质文化遗产，非物质文化

---

① 龙迪勇：《空间叙事学》，生活·读书·新知三联书店 2015 年版，第 12 页。

遗产本身具有活态性特征，只有在特定的文化空间中才能表现和维持其生命。因此，非遗叙事性展示中对非遗地域性的阐释在一定程度上来看是为还原非遗的原生语境的一种尝试，或者是将原生的文化语境转移到当代文化语境中进行展示，从当代文化语境来谈非遗的文化意义。

目前展览策划中常见的物质文化遗产类的展示通常可分为"器物定位型"和"信息定位型"，而相对应的非物质文化遗产展示则多分为"外在的表现形式"和"内在信息定位"两个方面。对"外在的表现形式"非物质文化遗产相较于物质文化遗产来说具有明显的非物质性与活态性，因而在非遗展示设计时首先要考虑到其活态性与动态性的表现形式。而对于非遗的"内在信息定位型"展示，其叙事的逻辑、视角、遴选的信息、组织方式都可围绕非遗原生文化的地域空间的线索来展开。地域性是非物质文化遗产无法割舍的本质属性，蕴含了非物质文化所形成的内涵与意义，非遗在当代语境中的发展同样需要建立在其存在的合理性及与地方社会的基本特征相契合的基础上。从地域空间层面来展开叙事则更便于叙述者将展示叙事的主题、目的、意义、形式等都纳入一个统一的框架中。

笔者在对国内非遗馆的考察中，注意到威海非遗馆的叙事类型即是充分围绕地域空间层面的内容来展开展览叙事。威海非遗馆的常设非遗展划分为"渊源共生""怀恩敬海""人文匠艺"三个主要版块。从展览主题上便可感受到人文与地域环境之间的关系。在展览的空间叙事中，从入口处便可见到用岩石砌成的标志墙，暗示滋养他们的土地。墙面是马赛克的式样，预示一个个不同的传统非遗项目。前言的周围运用云纹和水纹，右手边配图日出东方，笔者认为应该是威海市海边日出的景象，既指出了威海市的自然地理条件，又暗示了威海市的欣欣向荣蓬勃发展。展馆进门处的序厅，设计有非遗目录墙，采用了书签的设计理念，展示了威海市现有的各级非遗项目。展板均是抽拉式可更换的设计，方便今后对名录进行调整和补充。很直观地体现出威海市具有大量的非遗技艺，也同时说明了非威海市是一个具有深厚的非物质文化积淀的地域。

第一部分是"渊源共生"，展示的是与大海息息相关的生活项目。如"住"的是海草房，是有灶台、火炕、烟囱的传统民居；"吃"的是虾酱、海参、咸鱼干、糖瓜；"用"的是威海锡镶、舢板船等等。威海市独特的自然环境历史背景形成了一个独有的四代耕海牧鱼的记忆。首先复原了一个威海人居住的茅草屋，下面是石头砌的墙，房顶是海草，展示的是居住环境。另一边是交通工具——船，周围放置了锚、渔网、陶罐等捕鱼生活用品。在这个部分还重点介绍了海草房建造技艺，该项目入选了山东省 2006 年的第一批非物质文化遗产名录。海草房又名海苔房，是将海苔盖在屋顶上，海苔从污染物变废为宝，展览做了一个海草房的微缩模型，一部分是只有框架，一部分是盖好的完整屋子，直观展示了这个海草屋的建造过程。展墙上挂置了许多木工工具，背景墙上用视频的方式来记录和介绍整个海草房的建造过程。右边的图片上画出了它的工艺流程，从原材料、打地基，盖房屋，到封顶。在整个展示的过程中，模拟制作模型过程的可视化工具是视频，其他信息是通过图片文字来展示的。另外一边展示的是威海人的"吃"，介绍虾酱制作工艺，海参传统加工技艺，咸鱼干、饺子、民俗、糖瓜的制作工艺。这几项制作技艺都是将成品陈列在展台上，给观众一个直观的印象，然后在背景墙上通过图片及文字来向观者阐释其历史渊源、保护级别、制作技艺……同样的方式还阐释了威海锡镶工艺，胶东民居的灶炕、烟筒制作技艺，因为灶台、土炕、烟筒也是胶东地区较为独有的。此外还有胶东花饽饽习俗，在祭祀节日时胶东人都会制作花饽饽来进行美好的祈愿，展柜里特别展示了两个非常精美的花饽饽原型。这个部分延续了一开始的马赛克背景墙，上面配有蓝色的背景板，每个版块的颜色、样式、纹案都很统一。

第二部分"怀恩敬海"集中展示了与大海休戚相关的民间信仰及相关事项。如"秃尾巴老李的传说""渔民开洋、谢洋节""成山祭日"等都是在威海源远流长的传说与信仰；"乳山大秧歌""串黄河""石岛渔家大鼓""石岛大鼓"表达了渔民对美好生活的祈愿与祝福。

因为威海是临海城市，这里有很多关于海的传说与信仰，展示大多采用了模拟场景的模式，在背景的展板上通过图片和文字展示信仰的习俗、流程。现场照片在这里更多的是作为背景图片使用，展览的主角更多地让给了可视性更强的实物，即在前面的展台上放置的大量仪式用品。在文字图片不足以描述时，还会辅之以视频和幻影成像等多媒体技术。实物的展示并没有展柜展架，很容易拉近与观众的距离，色彩也很丰富，整个展馆都满当当的，让人不禁感叹威海市非遗文化的异彩纷呈。还有秦始皇巡游的微雕塑群、乳山大秧歌、串黄河、渔家大鼓，现场搭了一个戏台，戏台里面有个大屏幕，大屏幕上面播放演出的过程。前面放着演出的道具，比如龙舟旱船、高跷大头娃娃、渔家大鼓等等。在这部分展陈设计里，背景墙采用第一部分展板的蓝色，因为仪式类的展品很多，色彩都很鲜艳，所以展板选择的是灰调的棕色，依旧是统一的设计风格。

第三部分"人文匠艺"篇章是动态展示区域，设有7个工坊，目前展示了传统铜艺、威海剪纸、威海锡镶、威海面塑、葫芦烙画、乳山钩织、文登泥塑等7个非遗项目。这7个项目均是观赏性强、安全性高、易于观众体验的项目，非遗传承人在工作坊展示展演，可以与观众近距离互动交流。这部分的展陈基本上是沉浸式的空间，在一个空间内营造一个场景，模拟过去的装潢，同样是在背景墙上通过文字和照片讲述技艺的起源、发展、制作过程。

威海非遗馆的这个常设非遗展在设计上颠覆了传统展览的叙事结构和空间体系，一方面没有严格按照时代顺序进行线索叙事，另一方面也没有规定明确的空间秩序和参观路线，并放弃了传统展览中以空间顺序隐喻时间次序的手法。观众可以自由和随机地选择从哪里开始在哪里结束。展览并非一味建构完整的清晰的历史叙事，反而提供了很多地域性的生活习俗类碎片元素，通过设计将所要叙述的信息转化在展示空间中，将展陈空间转化为叙事性空间，使观众在参观过程中通过空间体验来调动自己的记忆，让这些碎片重组成记忆里鲜活的亲身经历和具有地域特色的生活叙事。同时，展览的叙事是偏向于建立在人与地域关系基础上的平行叙事，在内容方面具有较强的相对独立性。这种相对独立性表现在展览中的各个内容之间没有逻辑上的承接和因果关系，不同的板块内容之间呈现并列关系；还表现在展览的不同内容中，包括相对独立的技艺、相对独立的事件（各种仪式），这些板块在内容上可以是完全分散或者跳跃式的，相互之间也可以没有逻辑上的关联。这些相对独立的板块在地域空间的串联下却能如生活中的琐碎日常般共同呈现在一个有共同文化认同的展示中，策展人以地域空间为线索来遴选展示的信息、设计、主题，通过对普通平民极具地域特色的日常生活进行叙事，从而唤起威海市民的集体性文化身份认同，其对地域空间层面的叙事视角是非遗叙事性展示值得参考的案例。

3.2.2 第三空间

从布莱尼茨、黑格尔起，空间的概念已不再局限于地理、物质层面上的空间，其外延逐渐被放大为事物之间的关系。空间被解释为人对事物的认识，是人们从生活经验中抽取出来的观念，在此理解中，"人"在空间研究中的位置被强调，空间不再是人之外的东西，而是直接与人的存在相关联。在海德格尔的解释中，空间成为人本质力量的对外显现。当人们将空间与人联系起来思考时，作为"一切社会关系总和"的人便赋予了空间更多的人文内涵。从马克思主义地理学家亨利·列斐伏尔的"空间生产"理论开始，空间便与经济基础、社会体制等因素紧密相连，空间作为人类实践创造的产物，是一个社会过程，被复杂的社会关系所支撑，也被社会关系所生产。后现代地理学家爱德华·苏贾将空间作为一个开放性词汇，在他的空间辩证法中提出了"第三空间"的概念，指的是具有空间性、社会性、历史性内涵，包含又超越着第一空间和第二空间，是个跨学科的无限开放的概念。国内学者童强在《空间哲学》中提出："我们总是靠着某种活动的重复来说明时间的序列，靠着人、物之间的方位距离来衬映空间的存在，所以空间直接展现给我们的东西就是空间的表象，是人、物体、场所等在空间中直接显现其相互关系的表象。"①

非物质文化遗产是人与一定的地域环境相互作用的产物，其发展与传承体现了一定空间关系中的社会单体结构被不断分裂、复制与重构的过程，是人、生活与环境之间相互关系的过程，也是文化与空间概念生产与再生产的过程。在这一传承的过程中，所围绕的

---

① 童强：《空间哲学》，北京大学出版社 2011 年版，第 221 页。

核心是人与环境的关系，其中既包含稳固不变的部分，也包含随着人与环境关系的变化而不断注入新的元素的部分，即通常所说的非物质文化遗产的活态性。从上述所梳理的空间概念中，我们可以将非遗活态传承中所体现出来的世代传习的历史性因素与传承个体所表现出来的共时性因素纳入"第三空间"的概念中来理解。

由此我们在非遗叙事展示的策划中，可将这种具有时空关系的逻辑线索作为非遗展示叙事的参考依据。例如笔者在考察江西省博物馆时注意到其常设展"万年窑火 千年瓷都——江西古代陶瓷文化展"便是以江西陶瓷发展为核心，以历史性与共时性为叙事线索来展示江西各个时期的重点窑口，同时突出展现重点时期江西窑工的创意以及赣瓷神韵。展示的叙事分为"物华成器""陶瓷源地""青瓷神韵""繁华似锦"和"瓷耀寰宇"五个部分。

展览的第一章节为"物华成器"，在这一章节里面呢，又分水土宜陶和陶瓷积淀两个部分。水土宜陶这一部分介绍了江西适宜做陶器这样一个优越的地理条件。介绍中写道江西地形以丘陵、山地为主，境内的水资源丰富。起伏的丘陵适合窑炉的建造，群山中又有丰富的瓷土、釉矿等原料，茂盛的松木又可以作为燃料，具有生产陶瓷的天然优势。陶瓷积淀部分表达赣瓷器的历史性和丰富性，在这一部分展览介绍了从"万年第一窑"的萌发到千年瓷都景德镇的辉煌，江西省的陶瓷文化如何绵延不绝，底蕴深厚。窑址遍布于江西全省各地，类型丰富多样，在江西省地图上标记了分布的遗址，还用时间线记叙了从距今两万年的仙人洞陶器到明清御窑这中间一些代表性的瓷器遗址。

第二章节"陶瓷源地"，着重强调江西既是世界陶器的起源地，也是中国瓷器重要的发源地，万年仙人洞与吊桶环遗址发现的陶罐被誉为世界"最古老的陶罐"。这个部分主要集中在远古和原始时期，讲述了陶器的演变，采用时间叙事的方式，考古研究非常充分，介绍和分析都十分到位。关于万年粗陶是如何出现的，展览方也很严谨，介绍了一些观点，而不是很笃定的叙述。万年陶的特点、制作流程都有图文的介绍，以及考古发掘现场的一些照片，让展览的展品和想要表达的江西悠久陶艺历史的观点都更有说服力。现场还有一个原始人生活场景的复原，这是在现代博物馆展陈中很常见的表现远古生活的表现形式。在展览中还将其他国家的万年陶也展示出来，做了一个横向的比较，日本、俄罗斯、尼日尔的陶器和我国的器型、纹案、时间都有什么样的异同。这是一个世界的视角，观者可以通过比对来寻找到我们陶器应该有的历史地位或者世界地位。

还有一个部分是南方印纹陶中心，这个部分主要介绍印纹陶丰富的纹样，江西先民在生产生活和艺术创作中，运用简单的几何线条描摹复杂的自然现象，初步形成了这种抽象装饰形式的审美观念。然后在展柜里展示了很多考古发掘的陶器实物，又有一些图片来辅助向观众讲解印纹，有弦纹、圆点纹、格纹、曲折纹、S形纹、云雷纹等等，各式各样。随着时间的推移发展，开始有原始青瓷，原始瓷的创烧是陶器发展到高级阶段的产物，因为和成熟的瓷器还是有一定差距，所以叫原始青瓷。原始青瓷釉色清丽，以吴山遗址和角山遗址为代表，江西是商周时期青瓷的文物数量最多、种类最丰富的地区之一。这个部分还有一个小的动画，用来区别陶和瓷。分析陶和瓷的区别的方法其实就是用事实判断，是基于科学实验的，而中国古人在烧陶和制瓷的过程当中，其实对温度的把握是一个感受。但是在展板分析的过程当中就明确说出它是陶 800 度，瓷1200 度，釉的特点是无釉低温铅釉，瓷是高温石灰釉，还是有所不同的。

第三章"青瓷神韵"，讲的是汉唐时期的陶瓷。在中国陶瓷史上率先崛起的就是青瓷，最迟大约在东汉时，江西就能烧制成熟的青瓷，六朝到唐代洪州窑因釉色清盈剔透，器型饱满，造型典雅而深受人们的喜爱，洪州窑成为中国六大青瓷名窑之一，江西瓷业至此开始全面发展。这个部分都是文物展品优先，展板上介绍了瓷业初兴、经济发展、人口剧增、交通便利带动了瓷器的发展。洪州的青瓷要供纳京城，因而提升了知名度。在展示现场做了一个几乎等大的洪州窑的场景，讲了洪州窑技艺的革新，炉火的温度得以提高。通过龙窑依山势建造，有体积大、热效率高、燃料省、造价低等优点。然后介绍了一些更专业的流程。这部分很有趣的一点是，所有的器物的后边展墙，都用国画来做背景。笔者认为这是策展人的一个精心策划。是不是就是作为瓷器叫国画？寻找它们对观众来说，共同的感受就是。瓷器是什么？国画是什么？

第四章"繁花似锦"。宋代，江西制瓷业呈现出百花齐放的景象，元代朝廷在景德镇设立浮梁瓷局，专烧官府用瓷。在汉唐还是洪州窑一家独大，到了宋元就变成了百家争鸣，窑场林立，名窑迭出。景德镇窑、吉州窑、白舍窑与七里镇窑兼容并蓄，博采众长，中国陶瓷进入一个崭新的时代。江西经济地位的提升带动了瓷业的勃兴，宋元经济贸易的发展，也促进了瓷器远销海外。这里做了一个舒家记摆卖的场景，展览还是以文物实物展示为主，在文物旁边的副展线上分析和解释了这些文物的特点，比方说有木叶贴花、窑变釉、剪纸贴花、釉上彩绘等不同的类型。展板上又展示了元代赵孟𫖯的斗茶图，斗茶图里面用了很多瓷器。接着介绍了彩绘瓷的一些花纹，梅花纹、桃花纹、菊花纹等各式各样，以及一些文字的纹样。这个部分都是在讲物，物的类型、物的纹样、特点。宋元章节最后的一个小展厅是介绍各种窑，最后说元代末的时候元青花横空出世。元代景德镇专烧青花，因为它有高质量的瓷土，高温色釉……在展柜中展示有元青花瓷的实物。在转入下一个展厅后，有两个VR，放了很多动画，儿童可以带着 VR 的眼镜，感受古代人斗茶、制药等各种各样的与茶与瓷器有关的生产生活体验。

在一个圆形广场中间放置着稀世珍品"青花釉里红瓷仓"，这是一件楼阁式人物谷仓。很多观众来江西博物博就是朝圣这件"青花釉里红瓷仓",它是第一批 64 件禁止出国(境)展览的文物之一。一般认为,青花瓷真正大量出现始于元至正年间,而"至正"已是元朝最后一个年号。但这件谷仓出土于"至正"前一个年号"(后)至元"的墓中,且使用的是比"青花"更复杂的技术"青花釉里红"。更不用说它将一座楼阁式谷仓与 18 个各色人物雕塑于一体,巧夺天工,难怪第一批禁止出国(境)展览文物清单中只有这一件瓷器。如此国宝重器如今被置于一个独立的圆形展厅正中,接受观众的瞻仰。

第五章节叫"瓷耀寰宇",明清时期,景德镇不但是全国制瓷中心,而且是名副其实的世界瓷都,中国瓷业由此达到历史巅峰。明清时期景德镇最大的特点是官民竞市,既有官窑,又有民窑。官窑集中了全国最好的能工巧匠,制瓷工艺精湛。官搭民烧制度的实施,使民窑的生产更加专业化、规模化。展板上介绍了官窑的制度、官窑的用瓷、民窑的繁荣、千年瓷俗、行业俗语、行业商约等,让观众全面地了解陶瓷这个行业从制作到销售的流程以及相关人文背景。御窑厂是清代嘉庆的一个景德镇的陶楼,有御窑的厂子图,然后做了一个大的模型。展示的方法是在中间的空地用恒温恒湿的展柜展示,并用光线来照射展品,在两边的展墙进行说明。通江达海,交通便利,瓷器远销海外,展板介绍了一些外销瓷的品种以及一些风靡海外的东方风格,以及在外销过程中吸取一些西方的元素再创作的一种混搭风格的瓷器。在结尾处做了一个大的外销场景：一个码头。制作了外国人在码头交易、包装瓷器、运输装货这样几个画面。

"万年窑火 千年瓷都——江西古代陶瓷文化展"的叙事主要讲述的是整个江西陶瓷文化的变化发展过程，主要以时间的先后顺序为主线，同时将共时性的叙事穿插其中，如展览中对江西优越的地理条件、土质、地形等自然条件，交通、经济等社会条件以及外销瓷对中国瓷器的影响等的介绍都是具有逻辑关联的横向叙事。这种时空穿插，主、副线搭配的叙事线索也是非遗叙事展示可供参考的方式之一。

3.2.3 文本空间

非遗展示叙事中涉及的另一个重要层面是文本空间。前文提到加布里尔·佐伦所建构的三个空间层次中，文本空间指的是通过语言或文字所表达的抽象空间。非遗所对应的文本空间中"个人叙事"和"集体叙事"是最为普遍的文本模式。在民俗学中，个人叙事指的是个人在事件中以体验为主的叙事模式，集体叙事指的是众多个体共同对一件事的体验的叙事模式。这两种叙事模式既可以用文本的形式来记录，在很多情况下也可以用口头或身体的形式来记录，表现为非遗传承人或者文化原生地民众的历史记忆。比如春节，既是传承人的记忆，也是每一个中国民众对春节的集体认识、实践与记忆。此外，非遗中有一部分内容来自口头创作，如民间文学、神话、传说等，它是构成非遗文化核心的部分。张成福认为：
"个人叙事与传统建构的关系是：传统是一个过程，个人叙事在传
统不断被建构的过程中发挥着重建、发扬、新建并不断强化的作
用。"① 在人类学范畴中，个人叙事是田野调查的重要材料，"在
某种意义上说，个人叙事，尤其是乡村重要人物的个人叙事，就是
传统被建构过程的本身。"② 因此，个人叙事是非遗展示叙事不可
或缺的文本内容。非遗传承人或文化原生地民众的个人叙事能最真
实地反映非遗本身的形态，作为文化自者的发声在当代的文化氛围
中不可或缺。

同时，个人叙事和集体叙事可共同归属于历史学范畴的"以个
体经验为基础"的"私人叙事"的范畴，其对立面是"以群体抽象
为基础"的"宏大叙事"。③ 历史学家雷颐认为私人叙事与宏大叙
事二者的地位是不均衡的，通常情况下宏大叙事多见于国家等具有
政治优势地位的统治阶级的历史叙事中，是一种"自上而下"历史
观的视角，它"往往构成对'私人叙事'的侵犯、涂抹、覆盖或清
除，使自己成为唯一的历史记忆或历史故事，结果必然会造成历史
记忆的'缺失'"。④ 而私人叙事在历史中的弱势地位则会造成地

---

① 张成福：《个人叙事与传统建构——以即墨"田横祭海节"为例》，《青岛农业大学学报（社
会科学版）》2011 年第 1 期，第 80-84 页。
② 张成福：《个人叙事与传统建构——以即墨"田横祭海节"为例》，《青岛农业大学学报（社
会科学版）》2011 年第 1 期，第 80-84 页。
③ 雷颐：《"私人叙事"与"宏大叙事"》，《读书》1997 年第 6 期，第 98-100 页。
④ 雷颐：《"私人叙事"与"宏大叙事"》，《读书》1997 年第 6 期，第 98 页。

方文化中的私人叙事被宏观叙事所替代，"当真实的私人叙事完全消失的时候，个人实际便从'叙事者'成为'被叙事者'，由叙事的主体沦为物化的叙事对象。真实的、具体的历史将被消解，只留下一个貌似宏大，实却空洞无物、抽象而且残缺不全的'历史'。这将造成一种群体的历史健忘症，一个丧失了记忆的群体同个人一样，不仅可怜、可悲，甚至更加可怕。"① 因此，非遗文化本身作为优秀的民间文化，在当代语境中的叙事展示若能从民众的视角关注、审视与反思历史、文化等问题，不仅更有利于唤起文化主体的自觉，同时也更有利于当代公众对于非遗的理解、参与与传承。非遗的历史起源始终是"自下而上"的，那么对于它在今天的展示，不论从学术民主化的视角还是传承保护的视角来看，都应该是以尊重个体经验的私人叙事为主，当代非遗展示的重要内容是要研究如何把口述者个人的感性经验、实践讲出来或写出来，展示给当代观众，这是在当代建构传统文化的一种方式。

此外，与个人叙事同属于私人叙事的另一种模式集体叙事也是非遗文化的重要方面。由于在民俗学研究的过程中，大量的访谈文本是集体性的，或者说在大部分口述史访谈中，对于一个事件的记忆是大量个人口述的集体行为，比如在询问某一文化现象的具体内容时，口述者经常会加上一句"这个地方的人都是这么说的"，即

---

① 雷颐：《"私人叙事"与"宏大叙事"》，《读书》1997 年第 6 期，第 98 页。

表明这一口述内容是被这个地方的人所公认的，是符合当地的文化认同的。因此，可以说集体叙事是由个人叙事组合而成的，同时，个人叙事中又包含大量的集体叙事内容。[1] 因此，在非遗的展示叙事中，个人叙事与集体叙事往往是分不开的，但两者都是"自下而上"的私人叙事模式，更贴近非遗文化本身的叙事视角。前文提到，在笔者考察过的威海非遗馆的常设展的叙事中，就包含了大量以威海市民个人或集体的生活经验所构成的私人叙事内容，这些看似琐碎日常的叙事视角却能直接唤起威海市民的文化记忆与文化自觉，是自者视角的文化发声，也是威海对外展示本地文化的名片。

第三节　非遗叙事展陈中空间的转换方式

国内学者龙迪勇根据不同媒介空间性质将叙述分为三类：第一类主要包括小说、历史、传记等偏重时间维度的体裁，其叙事文本需要从时间转化为空间；第二类是图像、绘画、雕塑等侧重空间维度的体裁，其叙事文本需要从空间转化为时间；第三类是电影、电视、动画等既重时间维度又重空间维度的体裁，其叙事文本"需要在空间中获得新的阐释维度"。[2] 非遗的展示叙事空间是一个包含文本、人、图像、影像等多种载体的复合型叙事空间，要实现对其

---

① 孔军：《传承人口述史的时空、记忆与文本研究》，天津大学 2017 年。
② 龙迪勇：《空间叙事学》，生活·读书·新知三联书店 2015 年版。

叙事空间的建构首先需要弄清楚其展示形式在空间叙事上的转换模式、传播特点以及叙事结构等因素。

3.3.1 不同媒介之间的转换

皮亚杰在《结构主义》一书中提出过一个重要观点，即结构的三个特点，其中的一个重要的特点就是一个完整的结构是具有可转换性的。[①] 若将非遗展览的叙事空间看作是一个完整的叙事结构，那么同一个主题在小说、电影、展览中会有不同的呈现方式。同时，不同叙事媒介之间的呈现方式可以相互转换，同一个叙事空间内部的不同媒介之间也会有相互对应、相互支撑及转换的关系。罗兰·巴特在其著作《叙事作品结构分析导论》中也提到过这个观点，他认为各种叙事媒介如小说、电影、话剧、芭蕾等，都可以讲述同一个故事。例如中国的民间故事《梁祝》，在其故事主题、思想、线索等基本叙事元素不变的基础上可以将故事通过话剧、小说、电影、连环画、剧本、游戏等各种不同的叙事载体呈现，其叙事性并没有因为载体改变而消失。在当今的影视剧、游戏市场，经典原著小说、网络 IP 等都成为版权购买的热门对象。同时，经典动画、影视剧中的著名场景、叙事元素也被应用在实体的游乐场所，以增强观众在现实生活中的体验性，比如迪士尼主体乐园、罗生门

---

① 皮亚杰：《结构主义》，倪连生、王琳译，商务印书馆 2006 年版，第 6—10 页。

主体的密室游戏等。

然而由于每个媒介"叙事代码"的不同，即使同一个故事，在不同叙事媒介的转化过程中最终呈现出来的语言模式也是不同的。比如英国作家J·K·罗琳（J. K. Rowling）的魔幻文学作品《哈利·波特》在从小说到电影的转化过程中，原本通过文字来表现的魔法场景、巫师形象都在电影中转化为具体的场景、声音、音乐，从而被视觉化、听觉化了，观者在小说中所想象到的内容很可能与电影中的体验截然不同，但不可否认两种方式所叙述的都是同一个故事，但由于影片时长的限制，通常不可能将小说中所有的情节、画面都一一展现，其展示的对象通常会根据符合电影特征的叙事线索来选取，而电影的高强制性、连贯性的叙事方式也会使观众在观看影片时不用去在乎小说中的章节分割等因素，即使是没有看过原著小说的观众也可以在导演、编剧所构建的完整的叙事线中，通过观看电影了解整个故事的情节发展。

同样是哈利·波特的故事，在展览这一媒介中的效果又如何呢？由华谊兄弟电影制片公司所支持举办的哈利·波特官方主题展览（Harry Potter: The Exhibition）曾在西雅图、纽约、芝加哥、波士顿、巴黎、上海、东京等全球各大城市巡展。[1] 另一个是2017大英图书馆携手布鲁姆斯伯里出版社为庆祝《哈利·波特与魔法石》出

---

① www.harrypotterexhibition.com.

版20周年所举办的"哈利·波特：魔法史展览"（Harry Potter:A History of Magic Exhibition）。由于展览的主办方不同，展览内容的侧重也有较大的区别。在主体展中，展品主要是围绕电影中的场景、道具、服装、形象等进行的展示，通过对电影中的经典场景的展示，来增强观众在现实空间中的体验感。展览内也有电影剪辑片段的播放，观众通过观看展览获得的更多是对电影场景的回顾与体验。而小说的20周年纪念展则主要展出了作者在创作过程中的手稿、插画家所配插图的素描作品等，以及小说中的核心民俗、魔法文化等。观众通过观展可以了解作者的小说创作过程及文化氛围。这两个与哈利·波特相关的展览一个是以电影媒介为核心的道具与场景体验展，另一个是以小说媒介为核心的文化展，其主题和目的都并非是围绕故事的叙事，展览的结构也并非严格意义上的叙事展，因此，若没有看过哈利·波特小说或电影的观众很难通过参观展览了解整体的故事情节。

那么如果要以《哈利·波特》的小说为核心，去策划一个叙事展，让观众通过参观展览便能了解到故事的整个情节，需要突破哪些限制克服哪些困难呢？首先是信息量的筛选，原著中存在着大量的时空关系、人物情节、发展转折，若要观众能如同读完原版小说一样在观展中了解整个故事的全貌几乎是不可能的，因此就涉及故事线的重构，根据展览的空间、语言的有限性以及策展人的主观创作意识对原有故事线进行重新编辑。其次是对展示语言如文本、影视、物品的筛选、组合以及空间设计，使整个叙事空间的语言之间相互关联又各司其职。而这只是作为策展人方需要考虑的众多因素之一，还将涉及对观众参观线路的引导、与观众参观行为的配合等，因为展览是一个弱强制性与连续性的叙事媒介，因此观众的参观行为也将对展览的叙事性的效果产生直接的影响。由此可见，在不同叙事媒介的相互转化中，小说与电影之间的转化已经发展得相对成熟，而与展览之间的转化仍然是一个十分复杂、有待摸索的过程。尤其是对非物质文化遗产的展示，所涉及的信息量之大、叙事线索之复杂，远比一部单纯的小说更有难度。非遗展示的叙事性在展示空间中是否成立，需要从展览自身的传播语言、叙事结构、传播模式等方面着手分析。

3.3.2 非遗展示的叙事语言

在叙事展览中，所涉及的最小语言单位是物，在非遗的叙事展览中，除了物更多的还有人、技艺、经验、习俗等非物质类的展示对象。从以往以物为中心的展示中，观众对单纯的实物展品的观看以及对其知识的了解并不难，但这种承载信息量有限且单向输出的方式很难形成连贯的逻辑线，因此缺少构成叙事的前提。若要形成如同小说中的情节片段一般的内容，一方面需要有连贯的逻辑线，另一方面需要特定的语境。因此，其所要传达的信息量便对媒介的语言单位有一定的要求。对于非遗展示来说，相对于单个物质展品展示的方式，采取物质展品与非物质展品组合嵌套展示的方式更有利于形成连贯的逻辑线以及承载更多的信息、交代内容的语境等。

比如长沙非遗馆的叙事主要是围绕"家"这一主题，秉持一个人、一个家、一座城、非遗即生活的策展理念，将展厅分为家堂、家艺、家音、家味、家节、家人六大部分。家堂展现的是民国时期长沙一户人家四世同堂过年的热闹场景；家艺展现的是菊花石雕、浏阳花炮等多姿多彩、工艺精湛的传统技艺遗产；家音展现的是长沙花鼓戏、长沙弹词等极具艺术魅力、深受群众喜爱的音律表现形式；家味展现的是玉楼东六大传统湘菜、火宫殿八大传统小吃等令人垂涎的非遗美食的制作技艺；家节展示的是祭孔、庙会等一系列形式多样、内涵丰富的长沙节庆文化；家人展示的是一批批德艺双馨的长沙非遗传承人风采。以"家艺"部分为例，在这个单元中，按照不同的技艺种类分为浏阳花炮、菊花石雕、湘绣、铜官窑等小单元。而在每个小单元中，又有实物、非实物、文字、影像等单个展品形成的嵌套集群。例如在湘绣展区，观众一进展区，首先看到的是一个关于湘绣的技艺、传承人、作品介绍的展板，接着是一个大屏幕播放着关于湘绣的纪录片，这两个展示单位的嵌套便交代了浏阳花炮工艺的发展背景、语境等内容。

另外，在介绍湘绣工艺中的针法时，不仅通过展板详细介绍每种针法的名称、特点、技法等内容，还相对应地展示了没有完全完成的作品，观众可以清晰地看到不同的针法特点及表现效果，例如绒毛感、立体感、光滑感等等，以及不同针法在作品中适合的位置。此外，为了让观众更进一步了解湘绣的技艺，在针法这一意义集群的展示中还设置了4件可供观众互动的湘绣作品。以《一鹭平安》作品为例，作品中应用到齐针、散套、掺针、髻毛针、滚针、游针、滚针这些针法。动画屏幕一开始呈现的是一个素色的白描一样的画稿，程序会引导观众，例如先绣的部分，白鹭会有红边框将鹭的外形突出出来，在屏幕下方会有一个提示，这个白鹭身体的部分应该选择什么针来绣，然后就在右边有个滚动式针线盒，供观众选择针线。观众选择了合适的针线后就点击你想要绣的部分，动画就会开始演示如何绣，采用从下往上或者其他的一些针法，在全部完成后会有一个完整的属于你的湘绣作品。当观众没有按照提示选择合适的针线时，就会呈现出一个不太好的效果。在双面全异绣作品中，绣品上绣的动物或水果，两面轮廓一样，但动物或水果却各是两种，令观众直观地体验到双面绣的魅力。在针法展示中，展板、实物作品、动画演示、互动作品、工具等就是由不同性质的单个展品通过叙事逻辑的发展采用嵌套的方式共同完成一个情节片段的叙事，能让观众通过对这一单元的参观体验了解湘绣针法的历史文化、工艺技巧、艺术形式以及应用场景。同时，众多小的湘绣情节展示又构成了下一级语义单位即"湘绣"单元的内容集合。湘绣和铜官窑、菊花石雕、浏阳花炮等内容共同嵌套在"家艺"这一语义系统下，而家艺又同家人、家堂、家音等单元共同完成"家"这一主题的叙述。其中的物质、非物质、影像、文字等都是叙事展示中的符号单位，他们的组合才能构成具有非遗叙事性的语言单位，而通过对语言单位的组织进一步形成故事情节。这种关系有如文字符号、单词以及句子之间的关系。

在非遗的叙事展示中之所以要通过众多单个展品的组合形成语言单位来进行叙事，一方面由于非遗叙事所展示的对象主要以非物质形式的内容为主，非物质形式的内容需要寄托在物质形式的展品上，同时，对非物质内容的叙事需要有一定的语境，因此，只有形成一定信息承载力及逻辑线的展品集群才能将非遗这件事交代清楚；另一方面，以叙事媒介为载体来呈现的故事或情节通常无法展示所对应的故事、文化的全貌，只能是一种被概括总结后经过重构的情节，因此，相比小说、电影等媒介，叙事展览所形成的情节是一种经过组合嵌套后的弱逻辑关系的嵌套结构，整个展览的叙事过程是一个故事或意义重新建构的过程。

此外，展品序列的不完整性或者意义的断裂程度决定着展览的逻辑节奏与强度。因此，叙事内容的时间跨度、展品的丰富性、空间的大小等都将影响非遗展示的叙事效果。若将小说、电影等媒介的叙事方式比作一条连贯流畅的线，那么展览的叙事线则是一条由无数个独立的小点构成的虚线，点与点之间的密度决定了线的清晰度，也就是叙事性的强弱，线上的每个点则是由众多展品嵌套而成的语言单位。正如长沙非遗馆中的每个单元都可独立成单个的展示内容，单元与单元之间的联系并非如同小说的章节或影视剧的剧集之间有那样紧密的逻辑关系。可见非遗展览的叙事模式是一种弱逻辑关系、非连续性的嵌套结构。每个叙事单元之间的弱逻辑关系以及情节之间的连续性、策展人对叙事性强度的可控性都是有限的，这种叙事模式是非遗叙事展览的特有语言特征，而这种语言特征也将直接影响到非遗叙事展示的叙事结构。

3.3.3 非遗展示空间的叙事结构

相比小说、电影等叙事媒介，展览作为叙事媒介，其主要特征是具有实体空间。但实体空间是所有线下展览的共同特点，普通的陈列展也是通过实体的空间形态来展出，不同的是，叙事展除了其展示形式具有空间形态，还需要在空间中形成完整的故事线、逻辑线。而在非遗的叙事展览中，实物形态的展品并非主角，需要策展人更多构思的是如何将非物质形态或者是传承人的口述内容进行有效的媒介转化。在小说的媒介叙事中，其叙事的语言形态是文字或辅助的图示，在电影媒介中则是以旁白、对话等声音以及视觉动态等为叙事语言。那么在叙事展览中，则是以展品、嵌套的展品集合为语言符号。对于非遗叙事展示来说，其非物质形态的展品呈现需要借助各种叙事媒介的传播效力来共同建构起叙事的网络体系，它是一种相对于其他叙事媒介或叙事展来说更为复杂的复合型叙事媒介。在这样一个具有实体空间形态的复合型叙事媒介的内部，其叙事的结构并非是偶然的或随机的，查特曼在其著作《故事与话语》中将"叙事"论证为一种结构。[①] 这里所说的叙事结构特点，并非针对某个媒介，而是指所有叙事的共同特点。因此，我们可以认为非遗展示的叙事也有结构特征。按照结构主义的理论来说，结构是一个整体、系统与集合。皮亚杰在《结构主义》一书中指出结构主义的共同特点：一是要在一个研究领域中找到本领域内的规律，并且建立起自洽的结构；二是所建构的结构能够形式化，即可总结成公式来加以应用。同时，他认为构成结构的三个要素包括：整体性、有自身的转换规律或法则、自身的调节性。[②] 由此，我们可以进一步推论，非遗的展示叙事具有自身的结构，并且其结构有自身的转化规律和特性。

在现有的对小说和电影的叙事结构的研究中，查特曼曾在其著作《故事话语》中提出过一个叙事的结构，在这个结构中，他认为叙事起源于交流，而交流的过程是一个自左向右的流程。在他提出的叙事文本的结构中，最左边也就是最源头的叙事者是真实作者，接着由真实作者向隐含作者，再由隐含作者向叙述者，叙述者向受述者，受述者向隐含读者，隐含读者向真实读者的交流发展过程。[③]

---

① Seymour Chatman. Story and Discourse: Narrative Structure in Fiction and Film[M]. New York. Cornell University Press,1980:20-22.

② 皮亚杰：《结构主义》，倪连生、王琳译，商务印书馆 2006 年版，第 2-3 页。

③ Seymour Chatman. Story and Discourse: Narrative Structure in Fiction and Film[M]. New York. Cornell University Press,1980:31-36.

针对这个过程，结构主义者认为不管是小说还是电影，在这个叙述的交流过程中最主要的部分是从隐含作者到隐含读者的叙事文本部分。

查特曼认为只有隐含作者与受众才是内在于作品中的，才是文本叙事结构的内核。真实作者在文本中通常只通过隐含的对应物与观者交流，这个隐含的对应物是故事、影片等内容。但是作为非遗类的叙事展览，其真实性的作者在大多数情况下是策展人或策展团队，同时，非遗的叙事展中还包括了可以是真实作者的传承人，当传承人作为真实作者时也是可以与受众直接交流的，这点是小说、电影甚至是以物为中心的叙事展览所不具备的特点。因此，在非遗叙事展览的叙事结构中，真实作者可能既包括策展人也包括传承人，其中传承人是可以不通过隐含的对应物与观众直接交流的，而策展人则通常是通过隐含的对应物即展品来与观众进行交流的。张婉真在其著作《当代博物馆展览的叙事转向》中曾指出："隐含的作者可理解为真实作者在策划特定展览时采取的某种立场与态度。"[①] 在这里，隐含的作者并非真实存在的人，而是一个概念，或者说是能反映真实作者观念的概念，这个概念是与叙事作品一同产生的。例如威海非遗馆中的常设展，其隐含的作者则是威海的生活文化或者说是威海的地域概念。而在叙述交流流程的下一环"叙

---

① 张婉真：《当代博物馆展览的叙事转向》，远流出版社 2014 年版，第 89 页。

述者"中，通常指的是陈述行为的主体。在小说和电影中都可以是叙事作品中所设定的具体的人物形象，在以物为中心的叙事展中，叙述者就是展品或者说嵌套的展品集，而在非遗类的叙事展中，叙述者除了实物展品、展品集还可以是真实的非遗传承人等非实物的展品，在多层次的嵌套组合后通过阐述与实证等方式形成具有信息承载力的意义集群。可以说当叙事作品一旦成立，其本身就具备了隐含的作者与隐含的读者，但对于受述者与观众来说，在小说和电影中这两个角色通常是分离的，受述者通常是故事情节中所设定的。具体来说，真实的读者则是现实世界的观众。但在叙事类的展示中，受述者与真实的读者在很多情况下是统一的，都是现实空间中的观众。而观众在观展的过程中也可以从受述者的角色转变为叙述者的角色，与本身的叙述者或者说真实的作者进行交流。因此，从这个架构上来看，非遗的叙事展览空间是一个开放的、可双向交流的空间叙事体系。

综上，查特曼总结了通常情况下的叙事交流的过程走向，这是一个普遍适用于叙事媒介的叙事模型。非遗展示叙事具有现实空间与非物质性等特点，根据展品多层次嵌套的语言形式、非遗传承人的叙事参与，以及观众在叙事过程中的参与，来调整适用于非遗展览的叙事模型，可以确定这是一个区别于小说、电影等单向交流的叙事模型，它具有开放性、双向交流性。

第四节　非遗展览叙事空间的构建方式

在上一节中我们讨论了非遗展览的叙事语言和结构，在这一节中笔者将围绕如何在现实的空间形态中实现非物质形态展品的展览意义网络，以及实现从真实作者到真实观众之间交流这一主题进行讨论。在现实的空间层面，除了在语言形态上观众可接触到展品和展品的嵌套集群外，还包括在意义层面构成"隐含作者"的符号系统。这些符号系统包括展览中的文字标签、图像系统以及声音系统、体验装置和操作装置等。展品系统本身无法发声，观众对其意义的理解则需借助其他手段来完成。而这些符号系统在展览中通过各自的特性相互支持，共同构建完整的意义体系。例如，通过视觉辅助系统，可完成具体叙事情境的塑造，尤其是再现造型系统可迅速拉近观众与叙事情境之间的距离，在视觉上呈现出展品无法表现的大尺度空间，是唤起集体记忆的有效载体。而通过视听媒介也可以表现连续变化的过程，在一定程度上为弥补展品与展品之间的弱连续性提供可能。即使非遗类叙事展览是一种相对小说、电影来说在叙事性上较弱的媒介空间，但也应该看到正是它实体空间的形态以及高度自由的参观过程，才实现了观众多感官多维度的沉浸式体验的可能性，这也是小说与电影都无法实现的传播效果。本节将针对不同类型的符号系统在非遗叙事空间中的角色和功能展开论述。

3.4.1 文字符号系统

不管是在普通的陈列展还是叙事展中，文字符号系统都是展览中不可或缺的一部分，甚至在以图像感受为主的艺术展中，依然需要有文字的出现。展览中最常见的文字符号系统包括展览的名称、前言、展品的标签等等。

即使对于文字符号系统仍然存在着质疑的声音，认为展览中的文字是一种主观视角下的观念植入，将会对真实的文化造成一定程度的遮蔽，同时给观众造成这就是这一文化的全部或主要部分的印象，是对观众的误导，应该让观众完全自主地去理解展品。不得不承认，这样的文化遮蔽是存在的，同时也是无法完全避免的，从一定程度上来看，在叙事展览成立之时，这样的遮蔽就存在了，由于策展人无法展示一种文化的全貌，那么在决定展示什么、叙述什么的时候就有了主观选择的参与，这种主观的参与不仅会体现在文字符号系统中，也同样体现在展品的选择与呈现上。若因为这一不可避免的矛盾而拒绝文字系统在展览中的参与，则会在更大程度上损害观众对于展品信息及文化意义的理解。

由于在非遗的展示叙事中，大部分展品本身无法发声，需要借助一定的手段来完成文化的自我叙事，那么文字符号系统至少在展览的阐释系统方面的辅助就十分有必要了。例如，通过对展览基本文字系统的了解，观众可以对该展览的类别、主题形成最初的判断，在参观过程中，对展览的历史、节奏有一个大概的了解，从而更有利于对叙事内容的把握。通过对展品信息的阅读，初步了解展品的背景、意义等。对于非物质展品意义表达起到了非常必要的辅助作用。

是否在可以控制的范围内尽可能地减小策展人对原生文化的误读或遮蔽，这牵涉叙事的视角、客观性以及策展人的文化背景及学术能力等方面。从非遗的保护与传承的原则上来看，一方面展览要尊重非遗原生文化的本来面貌，尊重文化自者视角的发声，同时也应以开放的态度接受非遗在当代文化语境中的交流，重建非遗在当代社会的意义体系。这些都需要文字符号系统的辅助，因此文字符号系统本身并无好坏之分，它是展览的脚手架，不可或缺，重点在于如何使用以及以何种目的来使用。

3.4.2 情景再现

在非遗类叙事展览中，为了更好呈现非物质文化遗产的文化语境以及叙事情境，常需要通过情景再现的方式，包括全息投影、等比场景、模型、雕塑等方式。对于呈现抽象思维来说这是一种更直观、更有代入感的方式。这种符号系统可以弥补文字符号系统的局限性，由于展览是一个公共空间，观众对展示信息的获取取决于其停留的时间，此外对逻辑线的掌握也与展示的连贯性密切相关。一方面在策展中无法要求观众阅读大量的文字，另一方面需要营造一种使观众放下原有身份，暂时抽离现实世界而进入叙事空间的抽离感。因此，需要在展览的实际空间中将叙事内容中的抽象情境转化到具体的展览空间中来。这种媒介转换及再现的方式与戏剧的展现方式有一定的契合。学者许瑞容就将贝托尔特·布雷希特（Bertolt Brecht）的戏剧理论引入到了展示中[①]，而事实上，根据非遗叙事展示的特征，许多非遗文化本身就具有舞台或演示形式，因此剧场或舞台的情景再现本身就可作为非遗叙事展示的形式。

当非遗展示的文化叙事与世俗的日常生活叙事相交织后，展示在空间及场景上便产生了变化的需求与现实。我们今天所生活的城市的布局与农业社会已大为不同，今天很多城市的空间布局都是按照现代工业社会的空间逻辑来进行的。城市中每种类型的空间都按照明确的功能分工来规划与建造，比如学校、博物馆、医院、商场等都属于城市的功能空间。如刘易斯·芒福特的观点："它是理想生活的象征，正如希腊城市的体育馆或中世纪城市的医院。这个机构是由于大都市发展过大而必须设立的。"[②] 这种空间关系是以功能主义为前提的，满足主要生活需求的空间往往被安排在最近最便利的方位上。然而，科技的发展逐渐打破了这种时空逻辑。通过快速交通的连接，使得原先的时空距离对远近的概念有了影响，在快速交通得以连接处，地理上的远处可在时间概念上变得更近，而快

---

① 许瑞容：《从布雷希特的戏剧理论观点出发的展示美学》2001 年。
② ［美］刘易斯·芒福德：《城市发展——起源、演变与前景》，宋俊岭、倪文彦译，中国建筑工业出版社 2005 年版，第 573 页。

速交通没有连接的地方，地理上的近处也会在时间概念上相对变远。同样，即时通信技术的发明也改变了人类沟通的方式及沟通在时间空间上"此时此地"的突破，即使相隔万里也能随时通信。而互联网的出现更是对传统时空概念的重新定义，世界被分成了众多的"网络"与"结点"，其中网络指的是互联网、即时通信、快速交通等科技手段，使人们能即刻突破物理空间的限制实现信息与资源的交换；结点主要指的是物理上的空间概念。随着互联网技术的深入发展，社会的基础组织系统也渐渐地向线上发展，因此，物理空间上的意义就不能仅仅固化在工业社会的功能分工逻辑上，而应该在新的网络格式中重新找到自身价值的"结点"。

对于非遗展示叙事来说，在实际的展厅中，除了实物外，还出现了众多种类的影像媒介，如照片、视频、虚拟现实、全息投影等等，这些影响媒介也往往涉及物、人与空间，常常作为异地文化场景或以往文化场景的还原或构建手段。尽管从现实上来看，这只是一种光影塑造的视觉假象，但观众可以通过感官获得超越时空的限制，实现超现实的文化感受，这对于非遗展示中文化场景的塑造来说十分便利，是比较普遍的叙事工具。展厅中常常为了影响呈现的效果，有意遮蔽掉展厅中原本的光线，从某种意义上说展厅的实体空间也消失了，那么影像中展现的空间则更被强调了。如果展厅中同时出现多个影像，而每个影像都在叙述不同的故事，带来的是不同的空间，这时候整个展厅的现实存在空间在观众的感官中就被分解了，呈现出一种空间上的蒙太奇。此外，互联网还可以将外部的影像或声音及时带入展厅，这就更加直接地打破了时空的限制，使内部空间与外部空间得到了及时的联通。一方面，外部的空间变化会及时影响到展厅内部的空间叙事；另一方面，观众的行为也突破了空间的限制，即使在展厅外部也能够进入展示叙事的构成中去。由此，展示叙事的内外空间的界线就模糊了，线下空间与线上空间相连，不同物理空间可以跨越时空连接在一起，实体空间与虚拟空间也联系在了一起，当网络的出现实现了不同物理空间的互联，以及线上线下、虚拟实体的互联后，可以说在一定意义上打破了传统博物馆的时空观。传统博物馆的展览空间不论从时间还是空间上来看，都独立于日常的生活空间。博物馆与生活空间之间隔着两堵墙，一堵是建筑空间上的高墙，另一堵则是文化身份与地位上的精英主义的"墙"。而网络的出现使得空间概念由单纯的物理空间转化为网络——物理、虚拟——物理交织，文化与现实也自然而然地交织在了一起。由此，非遗展示叙事空间得到了更多元的可能性。

　　非遗展示是在非遗保护基础上的传播方式，遵守非遗保护"抢救第一、保护为主，传承发展、合理利用"的工作方针。在当代数字化、信息化、科技化手段普遍发展的背景下，原来传统的档案展示等静态展示方式已无法满足当代观众的体验需求，传统展示方式呈现出展品展览方式单一、地域性限制等局限性。而当下虚拟现实与全息技术已逐步成熟，并被广泛应用于各种场合。通过全息影像，可将不同时空中的真实物理空间中的全部场景还原在展示空间中，同时通过数字技术增强真实世界的叙事情境，其所呈现的三维立体影像结合物理环境景深使展示现场具有极其真实的视觉效果，是非遗展示立足"活态"的有效展示媒介，能满足观众对非遗项目参观考察的多样性、选择性要求。

从非遗展示叙事的角度来看，在众多新媒体展示技术中，全息影像是真实记录并还原物体三维信息的技术，能够使观众在真实物理空间中呈现并可以全角度观看三维立体影像。以全息影像为主的媒介技术主要是以视觉方式参与到展示的叙事中，通过动静结合，跨越时间与空间维度的叙事手段为叙事塑造出逼真的场景体验。作为当下较为前沿的叙事媒介，全息影像突破了传统非遗展示中视觉叙事主体二维化或虚拟环境的叙事局限。它所营造的真实的三维立体视觉体验更具说服力与沉浸感，在视觉上激发观众的共鸣，实现即时即地跨越时空限制的视觉效果。在体验全息影像的叙事过程中，观众的角色也不断地在客体与主体的角色中转换。一方面，观众可根据自己的喜好与节奏主动选择自己需要体验的叙事元素或路径，另一方面也便于观众在展示中表达自己的观点。可见，全息影像有助于实现展示叙事主体的多元化。此外，传统博物馆的静态展示多以线性叙事为主，叙事逻辑多以时间顺序或因果关系展开，观众的参观路径、思维变化基本按照展览叙事固定的线索发展。而在全息影像媒介的叙事中，除了可以表现线性的叙事结构外，还可表现大量非线性的叙事形式。观众可在同一时间内自主选择不同的叙事元素、叙事顺序，使得每个人的叙事结构都得到一定程度上自主定义的空间。例如在"Kun á gota 剑"的展示中，策展人没有按照传统线性叙事的方式展示剑的背景、制作过程、使用历史等，而是将剑身上的金属配件和图案花纹通过全息影像的方式设置成不同的叙事元素，观众可根据个人的喜好选择了解其背后的知识，自主选择参观线索。在非遗展示的叙事空间中，全息影像所呈现的视觉空间几乎是独立于展览物理空间之外的空间实践，可以实现虚拟与现实空间或不同物理空间的现实空间的重构。如故宫博物院曾用全息影像的方式展示乾隆皇帝身着汉服的生活场景，画面中乾隆或端坐执笔或静立凝思，仿佛穿越了百年历史长河来到观众身边，使观众能更自然地融入展览的叙事场景中。此外，全息影像还有一个对叙事影响较大的功能即人机交互，也就是人与全息影像的交互。如之前提到的观众在叙事中身份的变化，在人机交互中观众可直接参与交互组建叙事内容与结构。在马耳他 Hagar Qim 巨石神殿展示的全息影像中，还原了新石器时代的部落生活，观众可根据自己的意愿选择与影像中的全息人进行交流互动，全息人则根据不同的指令做出相应的回复，让观众直接参与到这个叙事元素的结构中来。全息影像能使观众体验直接的、即时即地的在"在场感"，即使是不能亲临展览现场的观众，也有可能实现现场参观、互动的可能性。

全息影像是颠覆传统展示视觉叙事的新媒体手段，它连接了观者与叙事，通过沉浸式叙事场景的建立增加了观众的现场感，又通过人机互动的方式让观众主动地参与到叙事的结构中来，为展示的叙事形式提供更多元的可能性，是非遗展示跳脱出传统博物馆静态展示叙事模式的有效媒介。

3.4.3 影视系统

在上一节中笔者曾提到，由于观众行动的高自由度以及在实体空间中展品与展品之间的弱连续性会导致展示在叙事性上不如小说与电影等媒介。但叙事展示空间是一个复合型的符号系统，因此，在策展时完全可以借助影视系统发挥其叙事的功能来弥补展示本身的弱点。此外，影像资料也是非遗展示中很重要的一部分史实再现，可以更贴近真实地反映非遗文化本来的面貌，帮助观众理解物质展品所无法呈现的集体记忆、文化现象以及技术过程等。

非物质文化遗产的非物质形态除了抽象的记忆、技术等，也包括历时形态的过程与共时形态的表演等。例如长沙非遗馆中对菊花石雕工艺流程的展示，若只有成品或工艺文字介绍等静态展示，那么观众很难理解到制作过程中的技巧。此外，在"家音"的展示部分，湘剧、长沙弹词、长沙花鼓戏等都属于时间形态的文化内容，这类文化本身只存在于表演的过程中，并不能留下任何物质形态的成品。当对这类非物质文化遗产进行展示时，除了现场表演，还可以借助影视手段循环展示。

第四章　非遗展示叙事中的时间概念

　　在上一章中，主要谈及非遗展示叙事的空间性，空间性是非遗展示相对于小说、电影等其他媒介所具有的特殊性质。而非遗展示的空间性主要基于实际的展示空间，即"场"在展示这一叙事媒介中的前提和作用。"场"是展示的空间性的基础，是展示这一媒介所进行的叙事活动，其内容的展开与情节的发展都具有一定的时间性。如美国著名叙事学理论家杰拉德·普林斯所说："叙事的功能如同它在书中被确定的那样，是在时间中完成的，不可能将它从时间中取消。"[①] "时间在叙事中具有绝对的权利"这个观点几乎在叙事学的理论探索中具有广泛的认同，因此，根据西方的叙事学理论，时间性对于叙事来讲是较空间性更显而易见的特性，它在小说、戏剧、电影、展览中都有明显的侧重，但非遗中的叙事是否也具有时间性？其时间性是否有其特殊含义？或者说非遗叙事中的时间性是否受其文化背景或思维方式的影响

---

① ［俄］普罗普：《故事形态学》，贾放译，中华书局2006年版，第191-192页。

而呈现出有别于西方的文化特征？这些问题都是本章将着手探究的方向。

第一节　非遗叙事中的"无时间性"与"确证性"

在西方对叙事学的研究中，时间在叙事活动中扮演的角色通常被分为"实在时间""被叙述的时间"以及"阅读时间"三个层面。实在时间可理解为故事本身发生的时间，它的设定可由叙事中的明确时间、时态、顺序等细节来确定，被叙述的时间受到叙事者的影响，叙事者的视角、身份、在场与缺席都与之相关。阅读时间则由读者与观众来把握其节奏、时间的长度。通过这三个层面的随机组合，叙事活动的本身及发生过程都成为一种时间的经验。因此，有西方学者认为叙事是"在讲述行为和被讲述的事物之间展开的'时间的游戏'"。①

现代社会对时间的标准最初来自19世纪中期对铁路运行时间的确定，而随着工业化的发展、科学技术水平的提高，以及全球化的需要，时间的标准逐渐走向统一化、权威化、标准化。法国哲学家贝尔纳·斯蒂格勒（Bernard Stiegler）曾在其著作《技术与时间2：迷失方向》中针对现代社会中技术与时间的辩证关系提出了"第三

---

① ［美］凯文杰·范胡泽：《保罗·利科哲学中的圣经叙事：诠释学与神学研究》，杨慧译，中国人民大学出版社2012年版，第57页。

滞留"与"记忆的技术"的概念。第三滞留指的是在技术水平发达的现代社会，将感知、记忆等感性认知以技术化的方式进行记录，最终呈现为物质化的状态，如摄影、摄像、电子书、数据库等。在第三滞留概念的基础上，斯蒂格勒进一步提出了"记忆的技术"这一概念，相对"第三滞留"而言，"记忆的技术"的指向性更加有针对性，专指那些记录人类经验、保存人类记忆的技术工具，包括书、画、音乐、影像等记录方式。同时，斯蒂格勒还认为，"记忆的技术"这一概念的主要特征就是它的"确证"性，从字面意思即可理解到它对正确性、精确性、明确性的要求，这是在文字系统、复制技术、数字技术发展的基础上逐渐显现的人类对记忆权利的追求。正是在高度发达的复制技术下，一方面记忆的形式被截取、复制，另一方面被技术记录下来的记忆也被动地从其原有的不可复制的原生语境中剥离，在物质化的形态中被赋予各种各样的阐释。这是被"记忆的技术"所记录下来的记忆所不可避免的差异。可以说"确证"引发了"差异"，当差异到达某种阈值，又会引发新的"确证"。而工业社会后的现代人类正通过不同手段努力将这种差异进行缩小，被叙事的记忆以电影、视频等形式使个人的或群族的记忆成为可共享、复制的全人类共同的记忆，记忆是人类对时间的记录，当人类在技术上占据优势后，是否意味着对过去的时间有了更自主的权利？海德格尔认为这种对精确性的极致追求在另一方面也是对记忆和去蔽的摧毁。① 这实际上是在就工业化对记忆的整合进行反思，在工业化与互联网的浪潮中，人类的记忆与时间都不可避免地进入了全球化。

在美学和哲学领域，始终对"独一无二"与"无限复制"之间存在着思辨与探索，如莱辛的《拉奥孔》、本雅明对复制艺术"光韵"消逝的论断，包括斯蒂格勒在胡塞尔现象学"图像意识"中发展出来的技术与时间的哲学思考。人作为独一无二的"存在"，其所经历的时间与记忆本身是独一无二的，而物理的记录载体或记忆形态本身确实是可进行无限复制的物质实在，两者之间作为主体与客体的张力的平衡点应该如何把握？

非遗作为工业社会之前的人类生活形态，其中包含大量神话、戏剧、传说、图像、口述历史等叙事形式，这些是人类在互联网、工业化、印刷术甚至是文字之前的记录记忆的方式，其所反映出来的时间观或者说时间的衡量标准与现代社会比都存在着明显的差异。如，人类最初的叙事作品神话，其叙事的内容往往没有编年史，更没有确切的日期，只有前后相继的传承。一个神话故事的流传越久远，则被人们认为越值得相信，这种判断是基于经验的判定。② 它具有明显的模糊性、混沌性以及隐喻性。在对神话的研究

---

① ［法］贝尔纳·斯蒂格勒：《技术与时间 2：迷失方向》，赵和平、印螺译，译林出版社 2010 年版，第 34 页。
② ［德］汉斯·布鲁门伯格：《神话研究（上）》，胡继华译，上海人民出版社 2012 年版，第 167 页。

中，很难追溯到神话最初创作的时间，加上它在流传中的变化及地域上的传播，使其更加复杂，几乎不可能搞清楚其确切的时间或年代。法国学者埃里克·达代尔（Eric Dardel）认为：神话通常以"很久之前""从前""突然有一天""相传"等含糊的时间表述。原始人并不会去追究叙事内容发生的具体年代，神话中的故事内容不涉及明确的日期。从这个角度上说，它是一段存在于编年时间之前的叙事活动，即"时间之前"的记忆，换句话说古老的神话是在"时间之外"的叙事活动。[①]与神话类似或者在神话叙事文本基础上发展出来的戏剧、民间故事等都在叙事的"实在时间"层面以及一定的"被叙述的时间"层面存在着缺失，即没有具体的发生或创作时间，它可以是任意一个日子，或者只是在过去的某一天，在这个意义层面以神话、民间故事为代表的叙事作品表现出区别于一般叙事作品中的"无时间性"。而这种"无时间性"并不是说没有时间的概念，而是其叙事内容本身所包含的时间概念不具有历史的确证性，不受现代社会中的时间标准的约束。也就是说他们在时间上相对自由，除非对故事中的时间做修改或添加，否则它本身是没有固定在时间轴的任何一点上的。同时，神话、戏剧往往本身就具有很强的虚构性，因此，其时间本身就不在历史的时间轴上，也便不具备历史意义上的时间性。保尔·利科针对这种虚构的叙事与时间

---

① ［法］埃里克·达代尔：《神话》，阿兰·邓迪斯编：《西方神话学读本》，广西师范大学出版社 2006 年版，第 280 页。

的关系提出"弃历史而要结构"的观点，认为以民间故事为代表的虚构叙事应该走出历史主义的思维约束，用符号学的视角去研究其本质、叙事功能以及持久不变的结构等。① 从其结构上可将民间的这种"无时间性"的叙事分为三种类型：第一种是围绕虚构人物的生活故事、幻想或是语言，其时间概念十分模糊，如以"从前"这类习惯性表达开头，这些叙事文本内部的实在时间便彻底缺失，其时间背景可在流传的过程中被任意更改，是典型的"无时间性"叙事。第二种是以一定的历史叙事性为基础的地方故事、人物传等，虽然在文本中不会涉及具体的时间点，但会有一定的时代背景，具有一个大的时间范围。这类叙事内容的"无时间性"不是漫无边际的，是在一定经验范围内的。第三种是以神话故事或上古时期的英雄史诗为内容的民间故事，这类故事的叙事在人类历史所能把握时间之外，是具有超越性质的"无时间性"。

在工业社会之前的漫长历史中留存下来的大量民间虚构叙事中蕴藏着各类原始的无时间性，这是这部分叙事最本质的特征，也是叙事的"无时间性"的典型代表。在流传过程中，其传播的广度与深度以及其不变的程式都证明了它作为叙事形式表现出超越书面记录的历时性传播力。如果用斯蒂格勒"记忆的技术"的概念来评价这种民间叙事形式，则可看到这种非确证性"记忆的技术"对记忆

---

① ［法］保尔·利科：《虚构叙事中时间的塑形》，王文融译，生活·读书·新知三联书店2003年版，第46页。

保存的强韧性，尽管相比现代"记忆的技术"它在确证性上的缺失导致它无法做到精确记录，但也正是这种"无时间性"的非确证性才确保其历经历史的长河仍传承不灭。远古的人类并不要求"正版"的故事需要被一字不落地传承，即使最"确证"观念的追求一直存在，而这种观念在技术的辅佐中最终走向了现代社会的复制和精确记录。因此，虽然工业化记录对确证性的精确的追求与以民间故事为代表的虚构故事、非遗中大量存在的口述历史、技艺的隐性知识等叙事本身带有的非确证性之间具有前后相继性，但在本质上属于不同的记录体系，并且在观念上存在根本的冲突。

由于工业社会之前的记录体系尤其是民间文化的记录主要依赖于人，大多数记忆是通过口口相传的形式传承下来的，那么其记录的精确度远远比不上文字记录，更比不上现代社会的影像记录等技术手段，也就是前文提到的"第三滞留"。但其一代又一代传承下来的程式化的叙事结构、核心知识以及历史形态又在一定程度上证明了它所具有的确证性，这些在个人记忆与集体记忆中不变的部分也是构成人类记忆最稳固的部分，只是这种蕴藏在非确证性之下的"确证"并非现代技术视角下的表现在形式层面上的确证。要探讨这种非确正性之下的"确证"的可能性，还需要回到民间虚构叙事的"无时间性"上去分析。这种虚构叙事，与现代文学中的科幻小说有异曲同工之处，即它们都对历史的时间做了回避。民间的神话故事是一个笼统的发生在过去的时间范畴，没有精确的时间点，比如科幻小说多在未来的某个时间中，它们都没有确证证的"实在时间"。也正因为如此，它们可以套用在一切可能的、合乎经验的时间上，这种确证性从这个角度上来看是合乎经验的，是经验上的确正。同时，我们注意到民间虚构叙事的非确证性没有准确的纪念，多以"某朝年间""人们还没有房子的时候"等模糊的时空背景或"乾隆皇帝下江南的时候"等尽人皆知的大事为时间背景的方式来叙述时间，这种模糊的、粗线条的记录方式也在一定程度上回避了自上而下的统治阶层对话语权的掌控，这也是民间故事存在的意义之一，是官方历史的佐证，同时它具有文化上的适应性或地域性，是符合一定地域上的文化观念的，即观念上的确证。

回望整个叙事的历史，是从模糊的记录开始，民间故事传说与历史记载在叙事上本是同源，甚至在很长一段时间民间叙事与历史叙事并未截然分开，民间叙事保留着族群的"根基历史"，同时在后来的民间戏剧、民间传说中也保留着历史属性的部分。如巴代文化中各种古老神话、苗歌等都是一种在确证的编年正史之外的记忆载体，记录着少数民族或部落特定的记忆。正如法国社会心理学家莫里斯·哈布瓦赫（Maurice Halbwachs）所认为的，记忆都具有社会性，它们无法脱离某个集体而单独存在。[1] 那么流传于某一部落或地域的民间传说、故事本身就是集体性的产物，是记录记忆的工

① ［法］莫里斯·哈布瓦赫：《集体记忆与个体记忆》，冯亚琳、阿斯特利特·埃尔主编：《文化记忆理论读本》，北京大学出版社 2012 年版，第 55 页。

具，它包含着一定文化范围的前理解、知识、隐喻以及经验。德国社会学家阿莱达·阿斯曼（Aleida Assmann）在哈布瓦赫的概念的基础上进一步提出，文化记忆是在集体性的政治记忆后的个体内在反动。[①] 那么这部分叙事形式则是集体记忆的体现，集体记忆所涉及的时间概念不是精确标准下的时间，是一种"文化时间"，是统一的、受驯化的，内在于集体中每一个个体的经验或观念，这种确证性内化于集体意识之中，是与现代"记忆的技术"语境中所认同的确证性相冲突的概念体系。

在现代社会语境中的非遗展示叙事需要注意对这类"无时间性"的叙事的尊重，"无时间性"恰好是这类非遗叙事的本质特征。要避免以工业化的确证标准来破坏其本身传承有序的时间记录体系，避免用单一的历史主义的方式去过分追求所谓的"真实"，一方面对于非遗中的口述历史、戏剧、故事的真实性的证实是一个永远无法到达的彼岸；另一方面，这种去蔽的现代性思维本身是一种对集体记忆的消解。所谓"客观的"历史只允许以单数的形式存在，而民间的、集体的记忆存在形式是复数的，历史、文化的确证性存在于无数个体记忆中共同的部分中，或者不同叙述时间的历史缝隙中。对于少数民族非遗中这类叙事确证性的肯定也是对其民族文化身份或特定认知合法化的认可，其在现代的意义不仅仅是叙事

---

① ［德］阿莱达·阿斯曼、扬·阿斯曼（Jan Assmann）：《昨日重现——媒介与社会记忆》，冯亚琳、阿斯特莉特·埃尔主编：《文化记忆理论读本》，北京大学出版社 2012 年版，第 42 页。

故事本身，而是一种从"全球化""工业化""现代性"以及"消费主义"的思维模式中挣脱的尝试，是一种文化记忆的重建，也是人类在人类思维与"第三滞留"中对技术与记忆的平衡点的把握。

第二节　非遗叙事展示中的"在场"

如前文所述，叙事活动中所涉及的时间概念通常被分为"实在时间""被叙述的时间"以及"阅读时间"三个层面，主要阐述的是在非遗的叙事体系中，有很大一部分内容在"实在时间"层面上存在缺失，这种"无时间性"是这类非遗叙事的本质特征，进而引发了对其确证性的思辨以及对工业化记录方式及评判标准的反思。这一节，笔者将主要探讨非遗叙事展示在"被叙述的时间"以及"阅读时间"层面的特征，这一部分特征的探讨将结合上一章所提到的空间性的特征进行展开。基于上一章的结论，非遗叙事展示具有实体空间的特点，也就是"场"的基本概念，"场"可以理解为具体的实体空间，也可以理解为非遗叙述活动在展览中的具体语境，其所对应的时间概念是"在场"，它表征着叙事主体或阅读主体对所在场域或叙事内容的出席、亲身经历以及亲身体验等。正如法国学者德里达在其著作《声音与现象》中所指出的，在场的概念除了指在者在向自身绝对靠近中的显现外，还指明了这种靠近的时间性本质。[①]

在"被叙述的时间"以及"阅读时间"层面，非遗的活态性决定了它能实现传承人的"在场"，即实现亲历者在展示现场的叙事。如传承人现场传习技艺或对戏曲进行表演等，这是非遗展示的特别之处。另一方面，观众在现场的参观与体验则是较明显的"在场"行为，也实现了参观中的"阅读时间"。非遗叙事展览中还涉及一部分"在场"的元素即物质形态的展品，这些展品通常包括但不限于生活用品、装饰品、食品、宗教仪式品、服饰、图像、生产用具等。对于这类物品的组合、排布、顺序安排等都是非遗展示叙事的重要载体，是叙事空间营造的主要辅助力量。

目前，大部分有关非遗展陈叙事的研究都将注意力放在如何布置空间内的展品陈列、组合形态等上面，而针对展示空间内的展品陈列的研究多将展品从本身的文化语境的整体观照中分离出来，或成为民间艺术或民间工艺的一部分来展示。笔者认为，单纯对于审美性、娱乐性的展示会在一定程度上损害非遗展示的叙事性，同时也消耗了其在展示空间中的文化语境。非遗展示中的物质性展品的活态使用过程是事件性的，故而其所呈现的叙事情节也不应该是静态的或只停留在感官体验层面上的。非遗展示空间之所以区别于一般世俗空间，不仅在于它不同于一般世俗空间的外在形态，更在于

---

① [法] 德里达：《声音与现象》，杜小真译，商务印书馆 2010 年版，第 74 页。

其展陈的"在场"所营造的文化语境，而展示空间内的展品是这种语义表达的主要载体。因此，回归非遗展陈物品的使用场，探究其中的影响因素，才是实现文化空间叙事的关键。上一章中笔者探讨了展品秩序的排列及组合是空间叙事的主要方式，具象化了某一叙事内容，同时为世俗空间的文化转化注入了至关重要的精神因素。物质展品之于展示空间是一种传统的"在场"，对它们的参观不仅需要物品本身及其所陈列的展示空间的人为整合，也少不了以视觉、听觉等媒介的多感官的辅助引导。

诸如图像、服饰等物质类的展品，以及影视系统、文字系统等辅助性的展示手段都是传统意义上的"在场"，它们对展示空间文化场的营造起了重要的作用。但对于展示空间文化语境的营造，还需要另外一个隐形的"在场"，可以说是"不在场的在场"来做核心的支撑。所谓"不在场的在场"本是一个关于"形而上"与"形而下"的哲学思辨。形而上与形而下的概念本是对立统一的，形而下所对应的是"在场"，如物质类的展品、视听觉辅助系统、传承人、观众等，而形而上所对应的是"不在场的在场"，即支撑形而下层面的精神文化、意识形态、价值观等。在一些非遗项目的叙事传统中，往往存在涉及信仰的部分，这部分的神圣性决定了关于这些非遗内容的叙事展示有更为严格的语境要求。例如在 21 世纪前对苗族巴代文化的研究几乎处于一种"格式化"的文本分析中，而且也无法说清楚巴代文化的语境究竟是什么。在语言的翻译转换过程中，少数民族真实的、鲜活的口头文化传统在非本土化或去地域性的转化过程中出现了各种脱离传统与本意的偏差，而被固定为一个既不符合原生文化语境，又不符合忠实就原则的书面化文本。①之所以会面临这种尴尬的处境，主要在于许多学者在以他者身份进入少数民族文化的研究中追求将多样化的口头文化或文本整理成单一的"标准版"或"权威版"，这在无形中造成了对传统的原生文化的破坏。有如在对一些古村落的研究中，将村落建筑的影像资料复制于书或互联网上，观众很难从脱离原生语境的图像中了解完整的文化语境及其意义，这实际上是对非遗文化中形而上层面的摒弃。

　　基于对非遗项目研究中"标准化"问题的反思，可以确定的是，非遗展示叙事的研究需要解决文化语境的营造问题。笔者认为，对于非遗展示文化场的营造除了在场的人、物，也包括不在场的精神力量，如神、信念、习俗、惯例等。非遗中的很多内容背后有着庞大的精神体系。例如苗族的巴代文化就是一种祭祀文化，巴代是苗族祭祀仪式、习俗仪式以及各种社会活动仪式三大仪式的主持者。其所祭祀的对象皆是苗族传统观念中的"理念性祖神"和"人性化祖神"，是推崇"自我崇拜、自我不灭"的单神教。②精

---

① 刘丽萍，肖珍：《湘西苗族"巴代"英译研究》，《海外英语》2021 年第 2 期，第 52-53 页、第 55 页。
② 石寿贵：《巴代文化及其功用》，《湖南省社会主义学院学报》2011 年第 1 期，第 34-37 页。

神力量对于这类非遗文化来说是一种虚拟的存在，但它们是非遗展示中不可或缺的"在场"元素"。它们不仅是非遗展陈物质展品的文化内涵，也符合现代观众的期待，是原生文化中体现本真性的部分，对整个观展体验产生直接的影响，甚至能推动整个展示叙事的事件进程。因此，这部分形而上的内容虽然看似"不在场"，却存在于叙述者的精神世界以及物质展品的文化内涵中，并且是决定展示空间区别于世俗空间的核心因素。对于非遗展示中的"不在场"因素的强调不仅是对非遗本真性的尊重和对非遗文化实践语境的还原，也是对当代社会意义探讨的前提。

即使非遗中的精神诉求是看不见的，但确存在于其群族成员的内心，并通过一定的仪式或习俗进行演绎，或表现在群族成员的口头演述或图像的程式中，是群族的集体记忆，它们从心理及精神层面引导着传承人或族人的行为，同时也是相关物质类展品的共同指向。因此，"不在场的在场"是通过人的想象呈现出来的，它的存在本身就是人类在自然或社会面前作出的一种主动选择，是人类设置的自身行为的约束原则。信仰经由人类的想象转化为语言用来进行表达和传播，再具象为图像造型，从而实现了精神信仰从"虚拟"到"现实"的转化路径，也是非遗展示叙事中将"不在场"因素转化到视觉化的"在场"形象上。然而单纯只是物质层面的对象并不能等同于精神信仰。对此，李晓峰在其论文中提出，德里达所认为的"在场"是"在相关联的现象、事物、理论、知识的多元结构中，必须有本质的存在，否则这个事物则不作为真正的存在。因此，在场既包括本质的存在，也包括这一存在的现场性，二者互为支撑。现场性的存在，也是了解事物完整、真实本质的前提。[1]此外，赵宪章提出："图像叙事是一种在场的'图说'""言说的不在场不仅表现为符号表意的间接性，文字文本充任言说的'代用品'也是其重要表征"，所以在语言和图像叙事共享的场域，图说的最终目的是要在言说的含义中反映人类的精神世界及社会生活。[2]

因此，在非遗展示的叙事空间中，或许口头叙事的传统或者仪式能为"不在场"的精神信仰因素的"在场"提供一个重要的途径。然而，非遗的展示叙事空间是否能实现信仰的在场即神圣性，更在于这一空间内包括观众在内的人是否会对"不在场的在场"因素作出回应，真正对其有崇拜之心。也就是说，在非遗展示叙事空间中，需要将物质性展品、非物质性精神因素、叙事者、观众等各方统一协调起来，不仅仅要注重物品的展陈，也需要将物质展品与"不在场"的非物质因素统一起来，共同构建观众的展示体验，实现观众在这一沉浸式的非世俗空间中的"自我建构"，即完成对文化及自我的思考与关照，在这个过程中各个要素所建构的现实空间与想象空间结合，让时间变得充实，人与物和谐地交流、探索，才

---

① 李晓峰：《"不在场的在场"：中国少数民族沐浴文学的处境》，《北方民族大学学报（哲学社会科学版）》，2012 年第 1 期。
② 赵宪章：《语图叙事的在场语不在场》，《中国社会科学》，2013 年第 8 期。

是非遗展示叙事的理想效果。而属于原生语境的图像、色彩、线条等物质元素以及仪式及言说等方式是人对信仰的超现实模仿，是人与信仰沟通的媒介，而"不在场的在场"则是仪式、演说等叙事因素得以必要的语境，同时也是展示空间内的物质在场因素成为多维性叙事的核心因素。因而，对非遗展示叙事的研究不仅仅应该侧重于展陈等外在形式的秩序及造型上，也应该对非遗文化中的精神内涵，包括信仰中神的起源、构成、意义以及仪式等进行还原，同时对其所对应的物质形态，如图像、器具等的符号性进行解读，实现精神信仰从"不在场"到"在场"的变现，呈现物质与非物质的完整概念，才能使非遗展示的叙事空间真正区别于世俗空间，实现观众在精神上能"片刻抽离"的精神的避难所。

第三节　非遗展示中的叙事转向

叙事是一种语言行为，语言是时间性的，叙事的过程是将自然时间转化为文化时间的过程。传统的"物品"展示不涉及叙事，展示中的时间线索多为线性的自然时间线或者是标准编年体时间标准下的国家时间。而非遗往往涉及某个人或族群的个人经历、背景、感观、技艺、语言等，这些信息在传统的时间线索中都无法进入博物馆的视野。这也意味着，大量非物质的活态信息就无法实现真正的"在场"，观众对展示的参观也只能停留在器物的形而下层面，从而无法完整地呈现"物质"与"非物质"的整体概念。因此，叙事在非遗展示中的加入是不可或缺的，而如何实现非遗文化时间的转换是本节研究的主要问题。

20世纪60年代，美国人类学家罗伯特·雷德菲尔德（Robert Redfield）在其著作《农民社会与文化》中提出了一个重要概念，即可将一个民族的文化传统区分为"大传统"与"小传统"，所谓"大传统"指的是社会中主流的、自上而下的社会文化形态。如中国传统社会中统治阶级所倡导的儒道文化以及现代社会中以汉族或消费主义为中心的文化内容，是社会中大多数人所认同、官方意识形态的文化传统。相对应的"小传统"则指的是官方史册之外的民间风俗、群族信仰以及平民日常生活之文化，因无官方记录，因此多以口口相传的形式流传。这一二元分析框架所对应的叙事学中的概念则是以官方历史记载为依据的宏大叙事，以及以民间传说、传记等日常内容为主的个人叙事，前者的时间线索是官方纪年或国家历史阶段，而后者的时间线索为个人所经历的阶段。

随着社会对非遗的认知和关注度的提升，以及学界对文化多元化的呼吁，学术研究对民间文化的认知也发生了转变，开始关注地方性知识以及各种形式的民间文化。在叙事领域，也出现了以马丁·克莱斯沃斯（Martin Kreiswirth）提出的"叙事转向"的学术观点，^①即前文所梳理到的叙事学由经典叙事学向后经典叙事学的转向。叙事学从单一的文本领域扩展到了社会学、人类学、传播学、教育学、心理学、语言学、艺术学、博物馆学，乃至数学、人工智能、医学等领域。其所涉及的学科领域不断扩展，叙事学的理论结构对其他学科产生了重要影响，同时，在跨学科的交融中，叙事学本身的结构体系也在不断地复合化。在与人类学的融合过程中，叙事的关注点逐渐由单一的权威性的叙事向多元的个体或私人的叙事转变，因而将民间故事的亲历者、见证者、口述者等个人的经验叙事也纳入公共文化研究的范畴中。杰姆斯·费伦（James Phelan）认为："在后现代文化中，从支配性叙事向个体叙事的转向，提升了故事讲述者、见证人、证言、生活故事和私人经验叙事在公共文化的各个方面所扮演的角色。理解叙事意味着理解普通人。"^②而在博物馆领域，一方面非遗类展览的增多从侧面反映了"小传统"与"大传统"之间文化地位上的差距逐渐缩小的发展趋势，另一方面，叙事学在非遗展示中的引入使得博物馆展示的时间线索也向复合化多元化的方向发展。在非遗的展示空间中，需要将物质类的展品、叙事者、观众三者之间统一协调起来，而叙事是身份认同与身份建构的重要方式，通过叙事的沉浸式空间，展品与叙事者通过空

---

① Martin Kreiswirth. Merely Telling Stories Narrative and Knowledge in the Human Science[M]. Poetics Today, 21(2），2000:294.

② ［美］珍妮特·马斯汀编，钱春霞译.《新博物馆理论与实践导论》，江苏美术出版社2008年版，第6页。

间与时间的叙事完成与观众的沟通，促进了观众对非遗文化在自我想象中的建构。

在这样的文化背景中，20世纪60年代在社会学研究领域出现了一种名为"自我民族志"的叙事方式。这是一种将个人经历与文化背景相关联的叙事方式，表现为叙事者以自我切身经历为依据的自传式叙事，并从侧面将自身的记忆、实践与思想作为书写社会文化背景的一种方式，这是一种以自者视角为研究视角的叙事方式，其调查的数据均围绕自身的记忆与思想。同时，它是一种"唤起式"的叙事方式，区别于传统社会学研究中强调的代表性，唤起式叙事通常为个人叙事，研究者通过对他们的亲身经历及日常生活的研究来讲述有关双重学术身份和个人认同特征的故事，唤起的重点在于强调叙事的表达性和讨论性。[1] 这种将个人与文化相联系的自传式个人叙事方式十分适合非遗研究，非遗传承人若将自身的记忆记录成自我民族志，则是对非遗文化各个方面的切实记录，其时间的节奏是根据自身记忆与经历的发展来划分，但又从侧面反映了其所属文化的时间背景。例如谢志民在《江永"女书"之谜（上中下）》册中共收录了46首哭嫁歌，[2] 这些哭嫁歌均为当时女书传承人自传的诉苦文化。从这些以个人经历为依据的叙事中，观者可以从侧面了解到其地域的婚嫁习俗。并且在阅读的过程中，由于第一

①　蒋逸民：《自我民族志：质性研究方法的新探索》，《浙江社会科学》2011年。
②　谢志民：《江永"女书"之谜（上中下）》，河南人民出版社1991年版，第1884页。

人称的叙述视角，更能引起观者与自身记忆或经历的对比，从而更能引起共鸣。

例如在 2016 年华东师范大学博物馆与民俗学研究所举办的"云泽芳韵土布展"上，策展人王均霞老师以传统中国普通家庭主妇的生命故事为主题展示了非遗传承人张凤云老师的"山东鲁锦"与杨美芳老师的"上海土布"作品。展览中大的时间线索是山东鲁锦及上海土布在现代社会的传承发展，却以二人的"自我民族志"为叙事方式，以两人各自的人生经历为线索，叙述各自的学艺历程。展览是在华东师范大学闵行校区图书馆的二楼举办，展厅为长方形，两位非遗传承人的位置分别位于展厅的左右两边，也对应着两位传承人在生活地域上的地理位置分别为鲁西南地区与华东地区。

展览的时间线是以两位女性传承人的几个重要的人生阶段为节点来划分，分为"女儿""出嫁""母亲""传承"四个部分。第一部分的作品都相对简单，分别配有两位在原生家庭中的生活环境以及儿时经历的文字叙述，展现了两位初时学艺的经历。在第二阶段出嫁中，两边分别陈列了各自的陪嫁服饰，相比第一阶段在工艺及色彩上都显得更加精良美观。同时，从两位传承人婚嫁衣物的对比中也反映了南北方不同的婚嫁习俗以及织造工艺。从实物、照片以及文字叙述中观众都能明显地感受到两位从女儿到媳妇的身份转换中对母亲的留恋与不舍。在第三阶段"母亲"的展示上，可以看到大量孩童的生活用品。虽都是孩子的日常穿戴，但可看出两位母亲各自不同的心思与希望。第四部分是"传承"，这一部分展示了两位传承人技艺最精良的作品，但叙事的背景仍然是两位传承人在各自生活领域的私人经历以及为传授纺织技艺而各自做出的努力。在这四个阶段的展示叙事中，每一件纺织作品旁都配有两位传承人在那个时期的生活照，以及作品相关的介绍、作者的生活经历、环境、想法等。如实物：上海土布。文字注解：杨美芳的嫁妆，布完全用家纺线织成，花纹为砖纹。

过去上海的姑娘出嫁，娘家都要给女儿陪送一箱一箱的土布和土布做的衣服，为的是女儿将来为人妇、为人母之后，对整个家庭的操持与家庭成员衣着的负责。杨美芳1979年元旦结婚时，妈妈陪送了四铺盖和两大箱土布，以及其他衣物等。口述文字："陪嫁箱，还有被子，打了好高的。搞了四床，四床八个。我妈妈说多一点，我说够了。我们地方，有的几十条拿的。我下边三个弟弟对吧？我良心很平的，我就拿了八条，少也不算少。我妈妈就我一个女儿嘛，这个地方确实比人家的多啊，人家有几个姐妹要分的呀！我们家就我一个，多一点。我妈妈把50几个给我，两大箱子全放满的呀！"[1] 同一阶段张凤云老师的记录是：实物：红百合花袄、蓝色单裉子。文字资料：1969年张凤云出嫁时，她的妈妈亲手缝的衣

① 方云，《"叙事空间理论"视域下的博物馆非遗类展陈——以"云泽芳韵土布展——女性与纺织：传统中国普通家庭主妇的生命故事"为例》，中国博物馆协会博物馆学专业委员会，《中国博物馆协会博物馆学专业委员会2016年"博物馆的社会价值研究"学术研讨会论文集》，2016年。

衫，也是陪送的嫁妆。口述文字："那时候，俺老娘把压箱底的老布都拿出来了，很早就开始缝衣裳，天冷的、天热的，单褂子夹袄什么的都有。怕俺在那头，没有时间做。这红花袄可是漂亮啦，俺就穿过几回，不舍得穿。"①

在展览中，两位非遗传承人在各自的叙事主线中自述自身的经历，通过对比，可以感受到两位传承人在性格喜好上的差异，并从中可直观地感受到两地在婚嫁习俗、风土人情方面的差异。在展示中，观众则在观展中可根据自身的节奏与顺序观展，同时能分别体验杨美芳老师的织花带以及张凤云老师的盘花扣技艺，通过亲身体验与两位非遗传承人交换了时空，实现了对历史记忆即传承人技艺与精神的切身体察，从而丰富了自身的人身体验与记忆。如观众留言"好熟悉的感觉，我的母亲在我小时候也曾在家里织过布，那个机床很大，织起来很慢，需要有耐心和细心。"②观众通过将自身的体悟感受留在展览的留言册上，从而也参与到展览的叙事中，实现了众多私人记忆的交换，众多个人的时间在展览的叙事时间中满足了每个人在自身经验的基础上对非遗文化的想象与认知，完整地呈现在场的物质与不在场的非物质的关联，通过对个体生命经验

---

① 方云：《"叙事空间理论"视域下的博物馆非遗类展陈——以"云泽芳韵土布展——女性与纺织：传统中国普通家庭主妇的生命故事"为例》，中国博物馆协会博物馆学专业委员会：《中国博物馆协会博物馆学专业委员会 2016 年"博物馆的社会价值研究"学术研讨会论文集》，2016 年。
② 方云：《"叙事空间理论"视域下的博物馆非遗类展陈——以"云泽芳韵土布展——女性与纺织：传统中国普通家庭主妇的生命故事"为例》，中国博物馆协会博物馆学专业委员会：《中国博物馆协会博物馆学专业委员会 2016 年"博物馆的社会价值研究"学术研讨会论文集》，2016 年。

与记忆的关注，也在整体上强调了人类情感的人文关怀的价值。也实现了个人记忆与普世情怀的融合，这便是非遗展示的目的。

　　尽管该展览只是一个个案，也仍有许多有待完善之处，却是"自我民族志叙事"在非遗展览中的应用案例。展览实践了"自我民族志叙事"与大时代背景在展览叙事结构中的融合。展览中采取一明一暗两条叙事线索，在两者的对比与碰撞中产生哲理的升华。这种技与道的双构性也是叙事转向在非遗展示中的体现，非遗的发展与传承是众多合力交互作用的结果，存在着多种经验与思想的融合。因此，对于非遗的展示来说，相对于传统博物馆展示体制下单一的展示模式，复合的叙事结构更能展示生活与历史的全貌。

　　除了复合的时间结构，叙事转向在非遗展示中还体现出流动性的叙事视角。所谓视角，是从策展人、叙述者的角度投射的视野，来观察、认知叙事的世界。视角所关注到的地方便是对其聚焦，而在聚焦之外的地方便是"盲点"。杨义在《中国叙事学》中提出，盲点有"外盲点"与"内盲点"之分，外盲点是在此聚焦范围之外的内容，而内盲点则是聚焦范围之内的，由于限知视角的原因，有意设置了某个盲点。随着叙事的发展，限知视角的扩展，这种盲点也随之消解。外盲点通常是宏观层面的，是时空维度中认知的局限，而内盲点是微观上的叙事细节，是由叙述者来把握的认知的节奏。① 视角的流动性则是在聚焦范围内，由限知视角到全知视角的一个认知扩大的过程，实现这个过程的方式即视角的流动。视角的流动包括由策展人视角与传承人视角以及与观众视角之间的相互转化，视角的流动的过程还涉及视角转换的频率与速度。

此外，视角的流动也与中国传统认知心理结构有相对应之处，所谓意在笔先，中国书画中的写意性所强调的"言不尽而意尽"则是由限知视角到全知视角的一种转换。这些都是叙事由宏观转向微观层面，从而使叙事体系更加细致复杂的表现，其能承载的信息层次也随之更加多元。如 2016 年 11 月至 2017 年 2 月在浙江省博物馆武林馆所举办的展览《以个人为支点——浙江省博物馆"漂海闻见——十五世纪朝鲜儒士崔溥眼中的江南"》。展览以明朝一位名为崔溥的朝鲜儒士为叙事的主视角，通过他根据自己在中国四个半月的旅程所撰写的《漂海录》为叙事文本，跟随他的视角和经历，辅以中韩两国 26 家博物馆 300 余件馆藏文物来展开描述崔溥从江南到繁华京城的所见所闻，从而呈现出 15 世纪中韩两国的文化交流史。展览分为"崔溥与朝鲜""意外的中国之行""江南风物"以及"大明与朝鲜的文化交流"四个部分。一方面，展览的视角从崔溥个人发散出去到国家层面的宏观视角，明线是崔溥此次中国行的个人经历，暗线则是两国之间使臣往来、互通有无的国家外交。

---

① 杨义：《中国叙事学》，人民出版社 2008 年版，第 257 页。

观者不仅可以通过个人的视角看到崔溥作为亲历者由陌生到熟悉的认知过程，以及其丰满、真实的个人阅历，也可以领略到在国家层面，一个历史的宏观视角的意识形态。另一方面，此次展览中的文物皆是个人叙事的辅助，旨在"以物见人"，相比传统展览中人物只是单纯串联物的单调线索来看，以个人叙事的视角的确更能使观众达成与叙事者的共鸣，实现"见人"的展示目的，这个过程也是在场的物质与不在场非物质概念相融合的过程。从宏观层面来看，整个展览通过崔溥的视角来看元代的中国，这是从"他者"文化看"自者"文化的视角，通过这样一个异域的视角或许能看到更多"自者"视角中会习惯性忽略的"盲点"，从而促使观众由叙事者的视角转向对自身视角的审视与反思。这也是展览在一定意义上给观众留下了尚未穷极的言外之意的想象。这个展览的最终目的是呈现元代中国的风土人文，但与单一的宏大叙事不同的是叙事逻辑线的复合结构以及个人的叙事视角能够给观众一个更亲切更感性的视角去观看这段历史，也正是因为叙事的需要，展品的摆放顺序即成列组合的方式也并非常规的方式。同时，现代观众与古代的历史之间始终都有着无法跨越的时空距离，而展览以一个异域视角从陌生到熟悉的认知过程恰好缓冲了这种古今之间的陌生感，而策展人在聚焦的选择上有意选择了能与现代生活产生联系的内容。这些叙事细节的处理都在无形中为观众营造出一个能抽离出世俗生活的文化空间，满足观众对所看展览的个人想象的叙事。

综上所述，非遗文化是众多合力作用的结果，有着复杂的语言环境、认知逻辑、经验与记忆，其时间性是模糊的，是现代社会的时间标准之外的考量标准，它的确证性体现在集体的认知与记忆的传承中，不同于现代社会的记忆承载方式及评价体系，我们不能用现代主义的代表性、标准化、精确化的研究标准去研究非遗。在非遗展示中"在场"是一个时空概念，在场因素并不是非遗展览实质意义的表达，需要通过物质展品的视觉呈现与亲历者的现场言说共同实现对"不在场"因素的呈现，从而能为观众的观展活动搭建通向精神世界的桥梁。叙事本是记录时间的活动，也是改变人类认知的过程，非遗展示与叙事的结合是实现叙事者通过展品与观者进行交流的方式。而叙事学中由宏观叙事向个人叙事的转向为非遗展示提供了一个更为有效的叙事方式，非遗的展览叙事由此走向更为复合更为细致的结构体系。

第五章　非遗展陈的叙事策略与时代意义

　　非遗展示是后现代主义文化语境下的文化行为，体现了后现代主义将文化转换为一个"建构性"的过程，而文化的展示是形成文化的核心行为之一，也被称作"文化的环程"的关键点。非遗展示的意义在于构建文化认同，促进优秀传统文化的交流与分享。非遗视角下的活态展示，包括演示等各类沟通方式，可以为文化与观众提供现实沟通空间，从而弥补虚拟、间接信息传播中可能的不足，可以提供更大范围文化景观的导览与索引功能。非遗展示之所以能被理解为一种文化构建的过程，很大程度上取决于非遗的活态展示本质上是能将非遗动态发展中的"事"进行展示，而展示这一行为几乎无法完整地、事无巨细地展示非遗项目的所有细节，其呈现的内容必然是非遗这件"事"的某个片段、情节或经过编排组合而成的状态。因此，在挑选片段与策划情节的过程中必然牵涉策展人或传承人主观意识的参与，而活态展示往往强调展示中沟通过程的开放性，所以活态展示的过程不仅包含策展人、传承人对内容的阐释，观众的主观意识、理解认知也会参与到展示的过程中来，而这些当代观点的加入，就是非遗这件"事"在当代文化中重建的过程。其意义在于对民间质朴而向善的文化故事及其背后传统价值观进行当代的重塑。其中，非遗活态展示中对内容的阐释则是构建展示意义的手段。而这一阐释的过程则不可避免地涉及策展人的视角、观点、偏好、价值观以及表述方式，这恰好是一个叙述的过程。因此，非遗的活态展示与非遗叙事在过程上是重合的、相辅相成互为因果的关系。

如前文所述，非遗具有非物质性，因此其无形的精神、技艺、文化等很大程度上是需要依附于实在形态的载体的，其中传承人是非遗无形性所需要依附的重要载体形式，也决定了它在发展与传播上的活态性。在前文中讨论非遗叙事时，笔者提到由于非遗特殊性，非遗展示的叙述者往往涉及三类角色：策展人、传承人与观众。这三类叙述者分别从不同的视角通过自述或他述来组成非遗展示中的叙事。

从展示的目的来看，非遗的活态展示是要以文化的名义，在当代为非遗建立起一个广泛的、人人都能参与的公共领域，在这个公共领域中，非遗获得在当代的传播或构建的可能性。非遗的展示从最初被嵌套在以物为中心的展示机制中到现代社会初期发展为以"非物质"的知识为中心，就是一个从以展示实物为主到以讲述故事为主、从靠个体独白到讲究整体配合的演化过程。之后再从以知识为中心到当下的以人为中心的发展过程中，非遗展示不断地从文学、电影、戏剧等多种叙事形式中汲取营养，提升其叙事能力，同时也正因为与这些其他的叙事形式进行对比，非遗展示才能更积极主动地发掘自身叙事的不同之处。非遗展示在对活态性不断的探索与实践中，其叙事性才逐渐成长起来了。而非遗叙事与非遗的活态展示的共同目标是完成非遗作为文化在当代社会中的身份建构。在这个发展过程中，非遗活态展示中各要素的定义在积极地变化，原本是传统生活中的平常之物到展览中便成为文化叙事之物，在原有日常之物的意义上又建构了新的文化层面上的意义与形式。在空间关系上，传统文化展览空间中文化空间与世俗空间之间的实际空间的围墙在慢慢消失，也就是说非遗展览可能将任何世俗的空间转化为文化空间。由于非遗的地域性、在地性特征，如今任何原生的社会空间都有可能转化为非遗文化展览的叙事空间，同时，互联网的发展更是将文化空间与社会空间交织在了一起。当文化叙事的场所与当下社会生活的场所混在一起时，非遗展示叙事就难免与当代社会实践产生关联，并与当代社会文化相融合。因此，非遗叙事与活态展示的出发点与目的是统一的，其内在逻辑关系是一致的。本章将就非遗展示的叙事策略以及非遗展示对现代社会的意义展开具体的论述。

第一节　非遗展示机制与多元主体叙事

非遗的展示是在传统博物馆学向新博物馆学转向的背景下出现的新的展示领域，属于博物馆展示内容中的一个方面，因此，其展示机制在一开始并未能脱离博物馆的展示机制。

传统西方博物馆的机制的基础是"馆长制"的组织概念，馆长在西方博物馆的机制中是一个对博物馆中的藏品深有研究的学者，其所有的行政权力皆基于他与藏品之间的研究与被研究关系，他是学术领域的权威，具有绝对的话语权。与之对应的博物馆的职能，是作为向公众灌输文化理念的场所，博物馆的社会价值即作为传播文化的媒介，是"教化"公众并具有社会调节与社会控制的场所。展览在传统的博物馆体制中是在馆长知识体系下对藏品的陈列，展览的参观者与馆长的关系是"外行"与"内行"的关系，在这样一种信息不对等的关系中，博物馆是文化绝对的权威，其展示的信息相当于传播的真理，代表着西方社会品位的官方声音。

直到 20 世纪 60 年代，人们开始对人的因素有了新的认识。人是社会中的基本元素，人在与社会的关系中处于核心地位。个人不再是一个无所知的"空壳"，或是作为一个有待被灌输知识的盒子；教育也不只是从"内行"到"外行"的单向的、线性传播的过程，它在实际发生中往往是横向的影响。同时，正如朗兹所认为的，博物馆中的"教育"是人、场所与文物之间错综复杂的互动的产物。针对"知识是可以横向获取"的这一假设，有学者认为，对于博物馆来说，不存在客观的知识，博物馆中所传递的知识总是承载着政治的影响。而传统博物馆的意识形态则代表着在政治上处于统治地位的阶级的意识形态，是一种自上而下的、单一的意识形态。

新博物馆学的基本观点则认为传统博物馆展览中这种绝对权威的单向输出模式过度殖民化、精英化，而展览则过于符号化。同时，将藏品与收藏手段看作博物馆的重中之重，这种过分沉迷于往昔的研究状态会造成与当代社会的诉求脱节。用新博物馆学的研究者戴瓦兰的观点来说则是："博物馆的馆长们长期宅在自己馆中研究奇珍异宝，却对身处的城市与国家一无所知。"可见，新博物馆学所倡导的是知识与现代社会之间的联系，生活于现代社会中的观众的活动是博物馆展示需要考虑的对象，而不仅仅是物质的藏品。同时，在文化的话语权上，新博物馆学追求文化的民主化，展览中的知识传递不再是单向的、自上而下的、权威的输出，而是沟通博物馆与社会之间的纽带，给观众以横向的引导。在此意义上，新博物馆学使得博物馆内部的原有意义、价值、管理以及权威性都发生了改变，具有绝对行政权与话语权的"馆长"的职能以及在馆长制之下的博物馆内部组织架构也被重新定义与分配。

新博物馆学的研究者科申布拉特认为传统博物馆的组织架构是围绕着藏品即文物来定义的，在传统博物馆理念中，对藏品的保管是博物馆最重要的价值。比如馆长是藏品的保管者。而在新博物馆学的定义中，博物馆的价值取决于它们与参观者之间的关系，展览是博物馆与观众之间的纽带，因此，展览对于博物馆的意义来说是非常重要的，展览的功能并非只是诠释而应当帮助公众更好地理解自身与社会的关系以及自身在社会中的角色与位置，展览是一个与他人互动、沟通以及分享知识的工具。而传统博物馆中馆长的职能由对文物的研究与保管转向了展览的策划与管理，即我们今天意义上的策展人。

基于新博物馆学的研究中的博物馆的转型，对策展人的研究则尤其强调策展人在展览中所能发挥的作用。策展人如何能够整合好宽泛且横向性的展览过程，如何能使策展人的角色成为内容的引导者而不是传统博物馆中的立法者。经过长期的实践与磨合，西方的策展人机制逐渐成型，主要包括由主策展人、助理策展人、策展助理在内的策展人团队，是由具有专业知识背景的行业多面手组成，对展览的思路、方案具有主要的决策权。新博物馆体制下的展览策划与藏品的保存即文件的编制是分离的，展览的内容策划由策展人负责，收藏等工作则由管理人员负责。策展人更像是博物馆中负责知识传播的角色，他工作的目的则是促进观众对展览的理解，建立博物馆与社会之间的桥梁。

中国的博物馆的体制由西方发展而来，在与中国的实际文化环境结合的过程中，目前大多数博物馆仍然是较为传统的"三部一室制"，即由保管部、陈列部、社会教育部、办公室组成的运行机制。目前大多数博物馆所举办的展览都是在办公室的行政指导下，由各个平行部门之间横向协作完成的。例如保管部主要负责藏品的日常管理与研究，陈列部负责展陈的设计与呈现，社会教育部门负责博物馆的日常教育活动的组织与策划等。"三部一室"制度之下的工作模式，各个部门各司其职，策展人的职责被拆分到各个部门中，各个部门最终将各个部分的工作直接搬到展厅中进行呈现，而办公室在这个过程中则充当展览协调者的角色，其功能在于完成对展览的组织。可见中国现有的博物馆展览机制，面临着策展人的角色的缺失，展览是由"组织"完成而不是统一的"策划"。这种模式对于只是展品陈列的传统展示来说可以做到相互间的协调与支持，但对于叙事性的展览来说，则会因为各部分之间分工的割裂而破坏了叙事展览的完整性。比如展览的内容策划与视觉设计分别由两个部门来完成，则很容易出现内容与视觉上的不协调，或者场景营造的风格与叙事内容不一致等问题。

非遗展览是一个叙事的整体，展览的主视觉、色调、标识等都需要与所要叙述的内容保持一致并且为内容提供语言环境上的支撑，这就要求展览的内容输出与视觉输出能由统一的团队来完成。非遗展览中心在"人"，重点在"非物质性"上，叙事是与非遗展示的内在逻辑相一致的展示方式，物质形态的藏品或展品在非遗展示的叙事中摆脱了历时性的视角，成为故事的辅助说明。因此，在非遗的叙事展示中需要一个对展览的文字策划、视觉设计、展品陈列、宣传教育、衍生品等有统一规划的人，以确保叙事展览的完整性与统一性。

现有展示机制下的展览，多是在短时间内确定好主题后，便展开展品的挑选、设计、陈列等工作，缺少对展示内容前期的研究基础，包括对展示对象文化本身的研究、展示对象与当代社会关系的研究，以及对受众的研究等。这些研究的缺失，往往会造成展览在文化意义上的失效。对于非遗来说，活态性是它的本质属性之一，也就是说非遗虽然有源远流长的历史，但它仍然与当下的社会生活发生着联系，因此，对非遗的展示不能仅仅局限在它"历史"的部分，也需要展示它"进行时"的部分。同时，非遗的展示是一个在发展中的人、事、物文化体系，它的复杂性远远大于文物的展示。因此，现有的文物展示体制对于非遗展示来说是无效的，非遗的展示不仅需要历史学、博物馆学的研究，也同样需要社会学、人类学的支持，它是仍存活于当代的文化脉络，它的展示是以对它所进行的历史的、文化的、社会的、人类的研究为前提的，没有前期的研究很难仅仅通过物质展品的陈列展示出非物质性的部分，更不可能引导观众对非遗文化产生精神层面的共鸣或观点，而纯粹审美上的展示或娱乐性的体验无法实现非遗展示的文化目的。

相对于文化展示来说，非遗展示所涉及的方方面面都要更复杂，对展示的要求也更高，叙事作为非遗展示的方式要求各种语言形式、视觉呈现等都保持和谐一致及高度的连贯性，才能确保观众能在沉浸式的参观环境中进入叙事的角色，从叙事的视角去感知非遗。因此，现有的文物展示体制无法满足非遗展示的需求，需要有一个多面的策展团队来对非遗展示进行统一的研究、管理、策划与输出。策展人团队的工作范畴包括非遗展示内容的前期研究，在研究的基础上再进行下一步的选题、叙事、文字的翻译、文物的选择等；还包括中期视觉设计，展览 VI 的制作、展厅环境的设计等；后期展品的陈列以及现场活动的安排、媒体的宣传、教育活动、衍生品的设计等，所有的工作都需要统一的团队来负责，最后统一输出。整个展览策划相较于文物展览来说时间跨度大、涉及面广、观点多元且结构开放。策展人团队首先是文化的研究者，然后是知识的传播者、话题的引导者，但并非是绝对的权威，其所起到的作用是搭建一个非遗文化与现代观众之间展示的平台与沟通的桥梁，是从自身的研究结果出发引出一个文化话题，促使观众根据自身的文化背景与生活经验，在展览的参观过程中形成自身对非遗文化的想象与观点，而叙事的线索与展品都是为了观众能实现更好的理解。展览中的叙事视角并非一个单一的、主观的视角，而是基于客观研究后，包括策展人、传承人、研究者、设计者等众多个体组合而成的"一群个体"的视角。

例如 2015 年在魁北克策划的展览"我们的故事：原住民及 21 世纪的因纽特人"（This Is Our Story: First Nations and Inuit in the 21st

Century）。展览的策展人团队包括高校的科研人员、原住民团体，展览的目的是借由展览使参观者更好地了解魁北克原住民的历史与现实语境。在原住民提供书面及口头内容的前提下设置了一系列叙事的线索，如宇宙观、物质观等。观众在多条叙事线索中根据自己的兴趣和思路可自行组织参观的路线。在展览中所采用的叙事视角是"一群个体"的视角，由众多个体来阐述他们对过去、当下与现实的文化观点。这些"个体"既包括属于"他者"文化的史学专家，也包括属于"自者"文化的原住民，以及前来参观的观众。展览最终要实现的是在展览的叙事中回顾历史，从而达到原住民从自身出发与殖民团体之间的某种和解，这也是非遗类叙事展览所最终要实现的通过多元的文化视角所产生知识的流通。与其说展览是在传递知识，不如说展览是一个文化发生场，通过对一个文化话题的组织，而现场产生众多对这一文化话题的思考和观点。

这个案例中所实践的策展人机制与多元主体叙事是展示体制的重要进展，即由物质向人的转向，物品的角色转向叙事的媒介。展览人机制中的工作方式在于以策展人为首的策划团队与文化亲历者之间密切的合作，前期在经历了长达 4 年的原住民文化研究后才能以更趋近于文化本真性的方式，以多元的、平等的对话视角与观众对话。这种多元的叙事视角是建立在更具有研究性、专业性的策展机制之上的，在一定程度上规避了他者文化的殖民性倾向，并以开放的视角加强了展览与社会的关联性。

第二节　非遗叙事中连续性场景的建构策略

在前文中笔者提过，展览作为叙事媒介，其叙事主要通过可见的物质形态的展品与实际的空间结构来展开，而非遗作为展示的对象，其非物质性的在场是展示的核心，且观众与叙事者之间、观众与传承人之间的交流体验的建构是非物质性因素得以展示和传播的前提。非遗展览中的"自我民族志的叙事"方式也就是亲历者视角的叙事方式，是与观众较为平等、亲切的叙事方式，从这个视角出发的叙事现场则是一种以与亲历者的经历、心理相适应的体验性结构为主，以与非遗文化原境相接近的展示性结构以及与非遗的发展、传承线索相一致的讲述性结构为辅的叙事结构层次。其中展示性的结构主要依托展品来呈现，讲述性的结构主要的依托是事件或故事，而体验性的结构则主要依托作为角色的人，以及特定的人的视角。只要观众从角色的感性体验出发，他在现场的故事或角色的视角之中就始终处于这个角色的体验性结构范围之内。而观众与角色或视角之间所建立的这种体验结构又是基于自身的现场感知，换言之，非遗展览现场的一切因素，如视觉设计、空间形态、事件、媒介、文字、互动、叙事线等都是围绕着所指定的亲历者的角色与视角来设置的，同时将观众的感知作为链接的桥梁来展开。从"自我民族志的叙事"暨亲历者视角为出发点所建构的展览现场通常是沉浸式的现场。观众从现场所建构的场景出发，去经历亲历者视角下的情境与事件，一方面是在感知中体验亲历者的叙事经历，另一方面当观众完全沉浸在所营造的情境中则是让观众也成为非遗展览现场叙事的亲历者。

关于非遗叙事展览的现场情境的营造主要涉及几个元素，即人、事、物、语言。其中人是叙事者，主要包括策展人与传承人。在亲历者视角的场景营造中主要是指本文化的亲历者，包括其个人的个性、思想、情感、经历、审美、信仰等。"事"是叙事的主要内容，包括非遗制作的过程、传艺的过程、应用的过程等，是一个动态发展的因素。其中会涉及起因经过、循环往复、偶然与必然等，是观众能进入亲历者视角的主要契机。"物"即静态的展品，通过对它的摆放顺序、组合、节奏的安排以及使用等，通过与观众的视觉感知、心理感知、文化感知等发生联系，传递叙事者的观念、知识、象征。语言因素包括文字语言、图像语言、口头语言等，其中还涉及语言的逻辑、语态、语音语调等方面。通过语言不仅可以直观地把握叙事者所要传递的信息、思想、观念、技艺等，也能根据观众自身不同的感知能力，侧面获得对叙事主体或叙事内容的感性认知。比如在上一章中所提到的"云泽芳韵土布展"上，两位传承人分别以上海话及山东话的语言习惯讲述各自的经历，从中观众可以感知到两位亲历者不同的性格、家庭氛围、观念等并未直接表达的内容，从而构建观众自身的主观认知。

根据非遗叙事展览中的现场情境营造的元素，可以看到非遗展览的叙事场景从内容上划分为几个层次，即非遗文化成果层面、非遗文化活动层面、非遗文化精神以及非遗文化传播媒介四个层面。其中非遗文化成果层面、非遗文化活动层面、非遗文化精神分别以静态的、动态的、心态的方式在非遗展示中发挥叙事的功能。

然而展览相较于电影、小说等叙事媒介具有实体空间性的特征，在非遗展览的现场营造一个亲历者的场景并不困难，即使在传统的以物为中心的展示中也常常会插入个别亲历者的场景，但要构建起一个能根据叙事的发展连续变化的亲历者场景就没那么容易了，需要将叙事的线索与场景有机地结合在一起，并协调好观众的参观流线，所要考虑的因素则更为复杂。

根据小说与电影的叙事经验，小说单纯通过文字的方式引导着读者在不同的叙事场景中连续转换，观众可根据已知的文字信息在想象中补充文字未曾交代的部分，所谓"言有尽而意无穷"。电影则擅长用镜头来建构场景局部的真实，观众通过对局部场景的视觉捕捉来补全整体场景的构想，再根据电影中长镜头的拍摄技巧、蒙太奇的剪辑手法将不同的场景联系在一起，完成叙事场景的连续变化，从而保证叙事的连贯性，相较展览而言，小说和电影可以分别通过文字与镜头给观众呈现一部分场景的信息后，观众根据自己的想象去建构完整的叙事场景以及填补不同叙事场景中的缝隙。另外，小说和电影为保证叙事的连续性，可较为灵活随意地切换不同的叙事场景，而展览的叙事场景是在一个真实的时空中展开，所有的场景信息都直观地、完全地展现在观众面前，其中缺失的信息、不连贯的缝隙都是展览在叙事中要克服的困难，如何在真实空间中完成连续场景的叙事或切换是非遗叙事展览需要解决的问题。

戏剧是相较于小说、电影而言与展览更为相似的叙事方式，它的叙事也发生在真实的时空中。在传统的戏剧表演中，经常会用到隐喻的方式来构建叙事场景。根据叙事时间与空间的需要及限制，现场的道具、演员的表演方式都是常用的通过隐喻来实现场景建构或转换的方式。比如，在话剧演出中，通过灯光对不同场景的聚焦来实现两个场景的切换，演员通过小心翼翼地摸索与前进来暗示叙事场景的黑暗，通过切换现场的道具来表达空间的转换，演员通过从前台到后台再到前台的过程来表达经历千山万水、时过境迁的时空变化等。因此，观众在舞台下所见的舞台的现实空间并不等于叙事中真实的场景，观看演出的现场时间也不代表叙事所要表现的真实事件。而是通过隐喻的方式，将观众从现实的时空带入叙事的时空中去实现叙事的连续性。

根据比较可以发现，戏剧对于非遗展览的借鉴之处在于可以通过道具、表演的隐喻手段来实现时空场景的转换，但非遗展览与戏剧相比仍然有许多不同之处。展览中由人参与的表演很难贯穿始终，展览中的物不仅仅是道具，还是展品，展品本身具有超越道具之外的叙事功能。此外，非遗展览的空间也不是一个固定的空间，它会随着观众的参观流线而改变。因此，借助隐喻的表现手法，展览在空间与物的发挥上有更大的空间。

在非遗叙事场景的建构上，要营造出连续的亲历者视角的场景体验，就需要保证非遗展示中的角色、视角、事、语言、空间都是连续不断的。所谓场景的连续，就是指当展览在呈现一段完整的非遗叙事时，观众的参观时间、叙事的线索以及展示的空间、非遗活动以及文化精神是紧密贴合的，是没有被其他不相关的场景或因素所干扰的，而观众始终在这个场景与叙事的节奏中，这里需要强调的是观众的在场不仅仅是身体的在场，更重要的是观众的注意力、想象力以及精神、情绪的在场，因此，建构沉浸式的叙事场景十分必要。另外，角色的连续性需要展品、活动等的设定与亲历者的角色保持相互对应的关系，这是保证观众注意力和精神在场的重要前提。

对于不同场景之间的切换，除了场景与叙事内容、角色之间的对应关系，视角的稳定性也是保持连贯性的一个关键因素。对于非遗的文化成果、文化活动、文化精神若是以亲历者的视角来看则会是不同的感知过程。比如，在2015年的米兰世博会中，英国馆以一只蜜蜂的视角来呈现一个建筑项目的叙事。观众的参观过程被带入蜜蜂的视角，所看到的空间场景、叙事经历皆是以这个视角出发，比如观众参观的行动线是果园、草地、蜂窝，观众在草地中所见的场景的水平线被抬高了很多，以实际蜜蜂在草地上飞舞时的视角进行设定。当观众参观到蜂窝时，场景也按照实际蜂窝与蜜蜂的比例将场景进行了放大，让人始终沉浸在蜜蜂的视角中，即使场景在切换，但叙事的体验仍然没有被切断。

关于非遗叙事场景连续性的营造策略，还有一个非常重要的环节，即观众对现场叙事的参与。这一点也是实际空间赋予展示相对其他媒介来说在叙事上更大的灵活性的体现。对于小说、电影、戏剧来说，亲历者的视角以及故事内容、发展逻辑都是预设好的，观看的过程是单向传播与接收的线性过程。但对于非遗展示叙事来说，整个叙事的情节并不是完全预设好的，仍然有一部分偶然性在其中。这部分偶然性取决于观众的行为，观众有决定叙事发展的部分权利，观众的参观行为本身也参与了叙事。也就是说叙事在非遗展示中具有现场性，非遗展示的叙事也不是完全依靠预设场景的连续性去实现，在展示的现场通过事件来生成场景也是营造叙事连续性的一种方式。

比如 2013 年在中央美院美术馆举办的"安迪·沃霍尔：十五分钟的永恒"回顾展上，有观众在开幕式上带来了几个巨大的黑色塑料袋，打开塑料袋的瞬间，飞出了成千上万只苍蝇。这是一个偶然的事件，并非策展人预先设定好的叙事情节，也在一定程度上造成了现场秩序的混乱。但有评论家称，很难得中国当代还有如此纯粹的艺术行为。从这个意义上来看，这位放出苍蝇的观众是站在安迪·沃霍尔的艺术视角上，来诠释他自身对大众艺术、复制品艺术的感知，或许他认为精英艺术与大众艺术的关系之间有很大反差，复制品使大众艺术泛滥就如同成千上万只苍蝇一同飞舞一般，无法识别它们个体的差异，却也能在一时间造成视觉与心灵上的冲击。

这是一个较为极端的例子，通过这个例子笔者想说明的是如果叙事的故事是开放的，那么观众在进入故事角色的视角后，他们可以通过事件的规则和现场道具来塑造事件，而叙事的场景可以由现场的事件来塑造，当观众以叙事角色的视角参与到事件的叙事中时，观众是暂时放弃自己本身的社会身份而以角色的身份来体验的，这是叙事连贯发展的最佳境界，也是观众对文化观念、信仰、精神等非物质因素加以感知、领会的最好表现。

第三节　参观时间对非遗叙事空间的塑造

如果说非遗展示空间中的叙事场景是在感性层面上为观众营造沉浸式的参观环境，那么负责展览中逻辑部分的表达则由展览中的参观时间来实现，所谓参观时间也就是时间线，是观众在展厅内参观的浏览过程。场景与时间线是叙事展中不可或缺的两个部分，场景是共时性的体验，时间线则是历时性的认知，两者如同经纬线，共同交织才能构成观众脑海中叙事的图景。

时间线是任何叙事都离不开的结构，不同的叙事媒介其时间线的特性也不尽相同，小说是通过文字与页面的组合顺序来安排时间线的顺序，电影则是通过镜头及蒙太奇来实现叙事线的呈现，戏剧通过舞台的表现及场景的切换来表现时间的顺序，在这些叙事媒介中，观众都是被动地观看，几乎不需要移动自己的位置，所有的线性顺序都被提前预设好了，观众在其中发挥主动性的空间并不大。但对于展览来说，展览中参观时间的实现主要依靠观众在展览空间内的行走来实现，这就决定了他们可以自己决定看什么不看什么，观看的时间长短、节奏、顺序都可以由观众自己来决定。因此，展览是观众自由度最高的叙事方式，同时展览中的时间线因为观众的主动性也变得更加复杂。

从叙事者与观众的关系来看，两者都能形成各自的时间线，一条是叙事者根据自身叙述的需要预设好的故事线、展线；另一条是观众实际参观时生成的时间线。在传统的展览中，观众的参观线与展览组织者预设的展线差异不大，因为传统展览中可以选择的参观路线相对单一，观众只能按照展览陈列的顺序依次观看。

但对于非遗展览来说，叙事者不再是一个单一的权威的声音，可能是展览的策展人、非遗的传承人们、亲历者以及观众等众多的声音，策展人更像是一个话题的主持者，因此叙事者的预设展现也相对来说更加多元。同时，展品不再是展示的中心，展品是作为场景建构的元素之一为观众体验服务的，在多元叙事的非遗展示上，展品的陈列也不会是传统展览中的线性排列，不同的展品之间可能以散点式、虚实相接的方式来组合，因此展品上的线性关系也变得模糊。同时，非遗展览上的活动或表演部分本身就能独立自成一个叙事的单元，观众在活动中的参与或现场构成的事件也会影响时间线最终的状态。根据上一节所述的非遗展览的叙事方式来看，观众是通过对一个又一个场景的连续参观来实现参观的时间线的，这其中既包括整体展览的时间线，又包括每个场景单独的时间线。同时，从观众参观的自由性来看，观众可以选择参考叙事者预设好的展线来参观，也可以根据自己的需要来自由安排时间线。因此，在非遗的展览的线性关系中包含着两对基本的矛盾，即整体展览中的主线与单个场景中的自由结构之间的矛盾，以及叙事者建议的参观线与观众在参观过程中根据自身选择形成的参观线之间的矛盾。

其中，整体展览中的主线与单个场景中的自由建构之间的矛盾，虽然两者之间有对立，但两者的并存又是非遗展览叙事灵活多元之处。如果整个展览除了主线外没有灵活的叙事单元，那么就会成为展品的逐一陈列与排布，无法实现非物质性部分的表达，展览也会失去叙事的丰富性。但如果只强调场景中自由的叙事结构，没有预先设定好的展览主线的话，也无法形成策展人稳定的逻辑关系，也会对叙事性造成破坏。在通常的叙事展示中，往往是将整体的展线与场景的营造相结合来进行。如湖南省博物馆的马王堆常设展中，展览按照叙事的主线来介绍马王堆的挖掘、辛追夫人的衣食住行等，其间也穿插着"T型"帛画的动态动画，以及在展中设置了三层楼高的 3D 动画还原飞天场景的环节。另外，在东京自然博物馆的常设展览上，空旷的展厅周围有体现型的展示单元，每个展示单元都构成了自身的小流线，如关于牛的多个胃的展示和牛消化系统的展示及介绍。在展厅的中央还有一个主展区，根据生物进化的过程或动物的类型展示了大量实体动物的标本。观众既可以根据自己的兴趣来安排场景的参观顺序，也可以站在展厅中央看到整个大场景的排布。

非遗叙事展览中的另一对时间线的矛盾是叙事者建议的时间线与观众自行选择的时间线之间的矛盾。这对矛盾实则是展览进化的结果，因为在单一主线的情况下观众没有更多的选择性，这对矛盾自然也并不明显，而非遗展览是在多元叙事主体、多连续性场景以及散点陈列的展览环境中，则情况就更为复杂。但有时叙事者也会提前预设好针对不同观众的叙事线，如长沙非遗馆是根据不同非遗项目组成了一个个不同的门店，每个门店都有自己的场景布置，但如果是接待政府机关团体观展，则会有专门的导览人员按照预先设定好的展线及叙事内容对几个关键的展区进行有效且连贯的串联，形成固定的较短的参观流线。或者在特殊的展示仪式中，为了确保公众秩序需要观众严格按照参观流线走，但这种情况往往是秩序大于叙事。大多数非遗展示是会有多条叙事线可供观众自由选择自由组合。这是多元、平等文化视角的在展览中的反映，也是对观众参与叙事的主动引导。

在以实体空间为主的展览叙事中，要实现展览时间线的空间转换，主要是通过控制观众与展品的观看距离以及拉伸或缩短空间中的叙事序列来实现。通常会运用到的一个元素是"墙"。通过"墙"来对不同的展区进行隔离，规范出观众可行走的区域和方向，从而规范出组织者预设的展线。随着非遗展览中叙事的平等化、多元化的发展，展览中对"墙"的概念也随之有了更多元的理解和演化。在非遗的活态展示中提倡原境展示，因此会涉及在已有的现实世俗空间中进行展示，有的空间甚至直接是少数民族曾经生活的空间。这些空间中的墙面本身就是物质文化遗产的一部分，是能作为叙事元素参与到叙事的内容中来的，如果按照传统博物馆展示中对墙的理解，则是对其本身叙事性及文化性的消解。即使是在博物馆中的非遗展示，由于对原境展示的倾向性，也需要考虑到整体环境与文化及叙事内容的一致性，墙面也是重要表现媒介，是叙事场景建构需要考虑到的部分。因此，在非遗叙事展览中，对墙的概念的理解不能仅限于是传统展览中只有空间分割或视线阻挡功能的白墙，而应该将其考虑到叙事的内容中来，作为叙事载体的一部分。

　　另外，传统展览中"墙"的功能主要是用来分割空间及阻挡视线，那么在非遗叙事展览中，可根据"墙"本身的功能进行拆分，对分割空间和阻挡视线的范围进行灵活应用。比如某些非遗项目的成果，如土布织锦做的屏风，既可作为展品配合叙事场景的营造，也可以起到空间划分，及阻挡部分视线的作用。另外，通常意义上的墙是由地面向上直立在空间中的，但是在墙的延伸概念上，由上往下垂挂下来的帘子或展板也可以起到划分空间与阻挡视线的作用。比如笔者曾在太庙设计过一个展览，考虑到太庙内部空间层高较高，且房顶梁架结构对采光有一定影响。因此，笔者根据叙事的需要采用悬挂下部中空的方式，同时安排了灯管及展墙的框架，将太庙梁架中的图案元素设计在框架中形成视觉上的呼应。展墙既起到了展示的作用，也起到划分空间与遮挡视线的作用。另外，展墙本身可调节的实体性特点也可以灵活应用到实际的场景中，如玻璃的透明度以及镂空性就是可以调节的材料。或者如中国传统园林中墙上的漏窗、走廊以及树木、假山的应用，也是将营造场景与阻隔空间的功能融合在了一起。

在对展线的设置中，实际还会用到的元素是隧道，尤其是在沉浸式的展示空间中，隧道的形式不局限于线型，可以是球幕状或其他形状。在隧道中的展线通常是线性的，可作为整个展览中的某个场景。对于后博物馆时代的非遗叙事展，有机会借助高科技媒体，如全息投影、3D 成像等方式来还原一些无法在现场出现的环境或事件，那么沉浸式的隧道空间就是一种可以选择的展示空间，能在有限的条件下最大限度地满足观众的想象。对于非遗中的一些仪式的还原，可能无法做到对原境完整的还原，但为了确保仪式感和程序，营造现场的宗教氛围，则可利用这样的沉浸式的线性空间。

展览空间中对于墙或隧道的运用是叙事者进行展线预设的方式，也增加了观众自己组合参观流线的可能性。根据实际的展示空间，最基本的是在平面空间中的展示，在平面的展示空间中，利用墙体来设置的参观流线可以分为线性间隔与环形间隔。线性间隔是指根据展线的依次顺序连续行走，不会走重复的路，而环形间隔则是在展览空间的中央坐落一个展示的"岛"，这个岛将空间分割为一个环形的区域，观众围着岛参观一圈后又回到入口的位置。线性间隔与环形间隔的组合设置，能形成多种不同的参观流线，两种方式的重复使用便可以在有限的空间内拉长叙事的时间线，丰富多元叙事的可能性。除了平面空间中的展现线外，还可在错落的展示空间内进行展示，那么展览的流线也会呈现出一个立体的状态，相对平面空间中的参观流线，在立体空间中的流线可能给观众带来不同流线交叉下的复合视角。比如湖南省博物馆的马王堆展厅中，有一个按照原马王堆汉墓的纵深比例来还原的墓坑，从三层的视角来看这个巨大的方形坑给人以震撼的视觉效果，其内侧墓壁是用来模拟墓主人羽化升仙过程的 3D 动画。从一层看，这个矩形墓坑的外壁则是对实际墓坑场景的还原，与三个棺木纺织在同一个展厅，是叙事内容的一部分。又比如在本身为环形的多楼层展馆内，一层展馆的中央设置为一个环形舞台，观众不论身在任何一层的参观流线中，都能看到一层中心的演出，这使得观众在参观其他展线时，还能或主动或被动地观看到按照预先设置安排好的演出。

此外，根据非遗展示的叙事需要，有些展示是在原境中进行的，展览可能被分散在不同的生活空间或不同的城市中，可能与网络结合呈现出虚实结合的空间，那么在这种展览环境中的展线则不再是一条实线，而是不间断地被现实生活空间切断的虚线。在这样的流线中，叙事者仍然可以主推其建议的叙事流线，但观众的参观流线则更加多元化。从本质上来说，根据非遗活态展示及叙事的需要，非遗展示的叙事流线的开放性越来越大，叙事线也越来越丰富，所能承载的信息量也越来越大，观众的能动性与参与度也随之提高。这个趋势说明在非遗展览中叙事的话语权在逐渐民主化、多元化，这也为非遗融入当代人的记忆与生活提供了更多的可能性。

第四节　现代性视野下的非遗展陈与个体叙事

伴随着工业化发展进程及现代化生活方式的渗透，资本主义生产方式逐步用其无形的手扭转着全球的政治生活与文化取向，它裹挟着其他文明并以前所未有的速度向同质化的方向发展着，对世界文化的多样性造成了严重的威胁。"全球化"本是主要发达资本主义国家为了化解结构性危机而向其他资本主义国家、发展中国家等推行的金融与经济贸易自由化的政策。其实质是西方国家的地域性文化向超地域的他者文化转化的过程，是一种地域文化通过政治、经济地位的优势对另一种地域文化侵占的霸权行为。马克思将近代

全球化的历史称之为"历史向世界历史的转变"①，这意味着在这
场世界文明的大碰撞与大融合中，地域性的因素逐渐被消解，出现
了多元文化趋于同一的"地球村"空间。在这个空间中，信息被迅
速传播，大量异域文化在本土文化面前展开，这种文化传播的风暴
一方面使原本封闭的文化获得更广阔的生存与交流空间，另一方
面，也为强势文化的扩张提供了可能性。全球化的蔓延中充斥着西
方文化的符号与逻辑，西方文化以咄咄逼人的强势姿态引起了各民
族文化主体意识与认同的危机。许多古老民族的生活方式甚至来不
及思考，就已被西方文化排挤掉了，原来局限于有限范围内、服从
宗族关系、血缘关系的"地方性联系"，被世界范围内普遍化、流
动性、功利性、不稳定性的交往方式所取代，人的地域性存在方式
逐渐被"世界性"取代。大卫·哈维提出资本主义的发展所造成的
"地方性"缺失将导致地方性社会面临惯常性地方意义的解体与认
同危机。②如今各国家、民族都面临着如何抵制全球化进程中的同
一性与暴力，如何保持自身差异性身份的时代命题。

与此同时，在科学与技术高度理性化与现代社会的高速发展
中，人们原本熟悉的生活习惯、精神信仰都在极短的时间内被消费
主义的逻辑与科学理性主义的思维方式格式化后重新编码。在这短

---

① 《马克思恩格斯选集》第 1 卷，人民出版社 1972 年版，第 255 页。
② 大卫·哈维：《后现代状况——对文化变迁之缘起的研究》，阎嘉译，商务印书馆 2003 年版，
第 300 页。

暂而剧烈的变化下，人们面对的是与旧有生活习惯的被迫撕裂，传统文化之根的突然斩断，以及新的生存环境所产生的冷漠、疏离与不确定性，这意味着现代人在精神上的流离失所以及对过去的记忆的无处安放的现状，在面对异质文化的强势攻击时，人们在与过去的突然断联中不免产生"我是谁"的身份认同危机。现代人在丧失了地域归属感及精神认同感的同时，在心理上的反映则是茫然、焦虑与压抑。这是生活在世纪转型时期的现代人在记忆与情感上的集体创伤，同时也是每一个现代个体面对个人记忆与情感时感受到的茫然与失意。

工业革命解放了人类的劳动力，极大地满足了人们在物质世界的控制欲望，却在精神上留下了巨大的空洞。从心理层面上看，个人或集体在任何时候都无法完全隔断自身与历史与记忆的纽带，精神分析学家弗洛伊德曾提出人类本能拥有渴望回忆生命本体的"恋母情结"，这种恋母情结在现代人的精神创伤中则表现为一种对生命初始根基的寻找，对归属、庇护、安全感的渴求。人在回忆与感受与母亲的关系中逐渐形成了关于"自我"的潜意识，从而形成自我身份的认同。从集体层面来说则是群体、民族在对自身历史的追溯、文脉的回忆中找到民族文化身份的识别，建立文化共同体。当人类在面对地理环境、时空结构、政治、经济、文化的重大变革时，会通过对过去记忆的找寻与联结再次确认自身的身份，从而修复自身在面对新的陌生环境时所产生的不适感，这是人类对安全感、稳定感、自尊感进行维护与调整时的心理应对机制。这也是现代人"复古"的怀旧情绪产生的根源，人们需要一种与现代性对抗的批判力量，以找回自身的记忆，稳定自身的身份认同，防止在现实的虚幻中迷失自我。正因如此，人们逐渐意识到文化遗产在恢复记忆与重建身份定位过程中的价值，进而开始了对物质文化遗产与非物质文化遗产的保护运动。

人们逐渐意识到，在全球化与现代性的冲击下濒危的传统文化是人类与过去联结的记忆载体，是人们在现代社会中的心理需求，通过将这些传统文化合法地保护起来，以修复现代人在记忆上留下的伤疤。同时，随着经济全球化的进一步发展，世界经济一体化趋势使得各国之间的政治博弈日趋激烈，从而引发了各民族、国家对身份认同问题的思考。身份认同包括政治认同、社会认同、族群认同等多方面的认同，但其中最根本的应该是文化层面的认同。文化认同是人们在一个民族国家共同体下生活、传承而形成的对本民族的文化精神的集体认同，是衡量一个民族、国家的核心创造力与凝聚力的重要标准。在全球化的背景下，提高文化认同，重建文化共同体是各国树立各自的文化身份的政治需要。

非遗作为传统社会流传至今的文化符号承载着历史特定的记忆，可以从其内在属性、传承方式来了解非遗与文化记忆、文化认同之间的关系。首先，遗产本身就是人们在某种价值体系下的经验、技艺、知识、理念的整理，是经过筛选的大量、鲜活的文化符号。这些文化符号承载着人类个体与民族集体的记忆。扬·阿斯曼将记忆分为三种范畴：集体记忆、个体记忆与文化记忆。其中，集体记忆又称交流记忆与交往记忆，是社会心理学的研究范畴；个体记忆属于大脑研究与个人心理学研究的范畴；而文化记忆则是建立在个人记忆与集体记忆之上，"纪念碑"化了的记忆。扬·阿斯曼认为，文化记忆以仪式、文本、纪念物或者其他媒介物为象征，"通过对自身历史的回忆、对起着巩固根基作用的回忆形象的现时化，群体确认自身的身份认同。它'超越生活之大'，超越了寻常，成为典礼、非日常社会交往涉及的对象"。① 可以理解为，通过某一群体内一代一代的个体记忆与集体记忆下所产生的社会实践仪式化、系统化后成为文化记忆，现代人则能通过文化记忆将发生在过去久远的历史、记忆以现时性的、纪念式的方式再次重现，从而唤醒个人的回忆、集体记忆从而产生身份的认同。非遗一方面作为文化符号，是个人记忆与集体记忆的精神与物质载体，同时，它一代又一代的迭代传承方式又是文化记忆历时性发展的活态载体，非遗的传承人不仅负责着文化记忆中知识的保存，也是群体文化认同的再生产主体。此外，扬·阿斯曼认为"文化记忆是包含特定时代、特定社会所特有的、可以反复使用的文本系统、意象系统、仪式系统，其'教化'作用服务于稳定和传达那个社会的自我形象。

① [德] 扬·阿斯曼：《文化记忆：早期高级文化中的文字、回忆和政治身份》，金寿福、黄晓晨译，北京大学出版社 2015 年版，第 47 页。

在过去的大多数时间内，每个群体都把自己的整体性意识和特殊性意识建立在这样的集体知识的基础上。"[1]也就是说，文化记忆是通过一些可引起回忆附着的象征物，即文化符号来传承的，大量的文化符号在仪式化、系统化的过程中凝结成了文本系统、意象系统以及仪式系统而形成完整的文化记忆。其中，文化记忆中的符号系统的内在一致性对于建立群体身份连接结构非常重要，只有连续、完整、统一、一致的符号系统才能有效地为群体成员提供一种明确的身份认同意识。可以说，完整、连续、一致的文化记忆是产生群体文化认同也就是文化共同体的前提，是对文化记忆的唤醒，是重建文化共同体的必要条件。而非遗则是包含着大量文化符号的文本系统、意向系统与仪式系统，非遗的活态传承是保证文化记忆的完整、连续与统一传承的重要方式，是产生群体文化身份定位与文化认同的主要途径。对非遗的保护实质上是对文化记忆载体的保护，对非遗的展示是对传统文化的真实呈现，它能相对直接地唤起对传统的文化记忆，在一定程度上化解了传统文化与现代化生活之间的刚性冲突。同时，也为个人突然丢失的记忆找到依托的载体，从某种意义上来看，现代人所丢失的记忆不仅仅是现实的、物质层面上的生活环境，更是一种能安顿灵魂、精神与心灵的文化认同和关于"我是谁"的身份识别。非遗通过大量的视觉符号、仪式系统传递

---

[1] ［德］简·奥斯曼：《集体记忆与文化身份》，陶东风、陶东风、周宪译，载于《文化研究》2011年。

出来自"母体"的记忆纽带，是现代人自我"疗伤"与"修复"的精神药方，有助于现代人通过重拾与"母亲"的记忆，找回自我身份认同的自觉。因此，保护与展示非遗是全球化背景下各国构建社会共同体的国家战略，也是每一个现代人的精神文化诉求。

第五节　非遗展示中的多元文化与国族叙事

非遗在现代社会的功能体现在国家需要通过非遗来重建集体的文化记忆与文化共同体，从而建立起中国在世界的文化身份；对个人来说非遗是治疗工业革命给现代人带来的记忆与情感创伤的有效途径；此外，非遗作为地方性文化景观成为文化产业的一部分，对地方经济的发展有不可替代的作用；在非遗的展示中，我们一方面要用现代人理性、科学的视角去解构它，同时也要用观看者的他者视角去尊重并还原其本身的生态环境与本真面貌。

在中西工业化进程巨大差距的背景下，中国在非遗保护的过程中所面临的是比西方非遗更为复杂的社会问题，不仅要通过对非遗碎片的重拾重塑民族与国家的文化共同体，同时要通过非遗来治愈工业社会给现代中国人带来的记忆创伤。

传统社会的中国在意识形态上一直以天朝自居，从认同理论来看，自我身份的确认是通过与"他者"或"他性"的差别来获取的，这在中国传统的民族认同的构建中表现也较为明显。在先秦社会，"中国"的"他者"参照的是蛮、夷、戎、狄等与华夏相对的少数部族，在此基础上建立的华夏民族的自我认知并非现代意义上的民族国家，而是"中国即天下""家天下"的传统华夏观。在传统华夏观中，"中国"不是近代意义上的主权国家而是王朝，王朝的统治基础在于"天命"，即"天下归仁"的道德理想。国界的认同依据主要围绕文化和道德，如杨度所言："中华之名词，不仅非一地域之国名，亦且非一血统之种名，乃为一文化之族名。"① 具体而言，中国自先秦中期以来形成的民族认同是建立在以儒家文化为核心的"自我"与"他者"的对立中，通过对周边文化的扩张而达到王者无外，天下合一的"家天下"观念，最终在意识形态上形成的是对王朝认同、文化认同的"天下共同体"观念。梁漱溟指出："中国人心目中所有者，近则身家，远则天下，此外便多半轻忽了"。② 这里所说的轻忽者，即国家，在儒家"家天下"文化基础上建立起来的统治关系，由于没有同一的疆域、民族、血统观念，政治上的统治只能控制在中央，对于地方、乡土之地则无法深入触及，需要依靠建立在宗族、伦理、道德基础上的乡土秩序来维持统治。因而，传统社会的普通民众并没有同一的现代意义上的国家的概念，其所维护的往往只是亲缘或地缘关系上的"小家"，在此基础上形成的政治体系是一个碎片化的、异质的社会，传统社会

① 杨度：《金铁主义说》，载刘晴波：《杨度集》，湖南人民出版社1986年版，第374页。
② 梁漱溟：《中国文化要义》，载《梁漱溟全集》第3卷，山东人民出版社1990年版，第163页。

的中国只不过是若干个家族的集合体。孙中山先生曾指出"中国人最崇拜的是家族主义和宗族主义，所以中国只有家族主义和宗族主义，没有国族主义"，"中国人对于家族和宗族的团结力非常大，往往因为保护家族起见，宁肯牺牲身家性命……至于说到对于国家，从没有一次具极大精神去牺牲的。"① 可见，个人在这样的政治体制中很难形成稳定的社会共识，个人与国家的联系是模糊的，国家无法有效地进行整合，这就决定了之后在面对西方列强的入侵时，封建政府无法动员起全民族的凝聚力抗击外敌。

正因为近代以前的"他者"在文化上总体落后于华夏民族，即便是在政治上战胜中原，也需要通过传统的"天下"观维持社会的统治，以"天朝上国"自居，因此，在中国传统社会中，"天下共同体"始终没有发生过本质上的变化。直到19世纪中期，西方列强在经历工业革命后以强者的姿态出现，面对着一个强势的"他者"，原本建立在文化等级制度之上的"天下共同体"遭到了动摇。1840年的鸦片战争，西方列强用暴力的方式打开了中国的大门，中国社会陷入了前所未有的危机。在经济上，中国传统的小农经济模式逐渐解体，呈现出半殖民地半封建特征；政治上，封建王朝无法号召全民族的共同认同，更无力抵抗西方列强的入侵，陷入岌岌可危的境地；在文化上，传统文化在与西方文化的碰撞下开始重新审视自

---

① 孙中山：《三民主义》，东方出版社2014年版，第3页。

身的文化环境与内容，随着对世界格局的重新认识，传统社会中的
"天下共同体"也随之瓦解。

近代中国在面临西方列强"亡国灭种"式的武力打击后，起初
洋务运动试图通过"师夷长技以制夷"的政策从器用层面上尝试度
过这次政治危机，然而甲午战争的失败再次证明了旧的政治体制无
力凝聚全民族的力量来挽救民族危亡。由此，梁启超将西方的民族
国家概念引入中国思想界，提出："故今日欲救中国，无他术焉，
亦先建立一民族主义之国家而已。"[①] 通过建立现代民族国家共同
体来改变中国一盘散沙的困局。西方语境中的 Nation-state 是西方现
代性的产物，是主权国家为了适应工业社会的同质性和规范化的世
俗文化而构建的，民族国家是解决现代社会一体化的方案，[②] 是建
立在民族认同基础上的主权国家，是现代世界的基本单位。可见，
民族国家并非内生于中国传统文化环境，而是西方国家形态发展演
变的结果。中华民族是在西方列强提供的"他者"镜子中，被迫重
新开始对自我的认知，进而开始了现代性的演变。

---

① 张勇、蔡乐苏主编：《中国思想史参考资料集·晚清至民国卷：上编》，清华大学出版社 2005
年版，第 25 页。
② 哈贝马斯：《欧洲民族国家》，载《包容他者》，曹卫东译，上海人民出版社 2002 年版，
第 131-134 页。

　　辛亥革命后，梁启超首次提出了"中华民族"[①]的概念。而此时的"中华民族"是一种"驱除鞑虏"的狭隘的汉族主义，具有对少数民族的不平等视角。之后，孙中山等人在此基础上提出了"五族共和论"，所谓"五族共和"并非指中国境内的所有民族，本质上是为了联合汉族以外的其他四族建立统一的共和国家。同时，仍然具有民族同化的倾向，因此，很难在少数民族区域内建立真正的民族认同。

　　直到五四运动爆发，中国思想界对"中华民族"的概念才有了更进一步的认识。认为凡是居住于"我国"的人"就是同胞，就是同一中华民族"，通过对国民的定义而使民族或国家的认同感萌芽。[②] 然而，此时对民族国家概念的认识仍然较为浅显，以致出现了宗族论以及民族自决论，这些论调在多民族的中国一旦蔓延，不但无法实现真正意义上的民族共同体，还会为民族分裂埋下隐患。而在随后的抗日战争中，最为紧急的是增强民族凝聚力，调动一切可以调动的社会力量以抵御外侮。在此背景下，孙中山再次提出了新三民主义，强调反帝国主义的民族主义，扩大中华民族概念的外沿，改变了对之前少数民族不平等的视角，提出中国境内各民族一律平等。中国共产党对中华民族的概念的理解也从民族自决论发展

---

① 梁启超：《论中国学术思想变迁之大势》，上海古籍出版社 2006 年版，第 1 页。
② 松本真澄：《中国民族政策之研究：以清末至 1945 年的"民族论"为中心》，鲁忠慧译，民族出版社 2003 年版，第 88 页。

为少数民族与汉族都是中华民族的组成部分，提出"中国是一个多民族的国家，中华民族是代表中国境内各民族之总称。"① 毛泽东提出："实行民族主义，坚决反抗日本帝国主义，对外求中华民族的彻底解放，对内求国内各民族之间的平等。"② 对民族国家概念的进一步认知有效地调动了各民族的民族凝聚力，全体民族共同认同之下的中华民族建立起了实实在在的政治共同体，形成了各民族共存亡、同命运、共荣辱的统一且密不可分的多元一体格局。在此思想基础上形成的抗日民族统一战线实现了清扫外部障碍的共同目标。

在进入现代后，中国在经济上已位居世界前列，接下来急需解决的问题一方面是如何塑造民族与国家的政治文化身份来解决目前中国经济文化发展不平衡的问题；另一方面，是面对和反驳西方国家用自身单一民族的理论背景来质疑中国民族是否是一个民族实体的历史虚无主义论调。我们需要对民族国家的概念有进一步认识，并且在当代西方的"他者"镜像中认识到中华民族与西方的区别在哪。许纪霖指出："民族国家认同回应的是两个不同的认同，一个是作为政治国家的普遍的公民资格，另一个是每个人所身处的特殊的族群和文化归属问题。"③ 抗日战争时期，共产党在政治上确

---

① 中共中央统战部：《民族问题文献汇编》，中共中央党校出版社1991年版，第323页。
②《毛泽东选集》第2卷，人民出版社1991年版，第752页。
③ 许纪霖：《国家／国民、国家／民族：国家认同的两个面向》，《浙江社会科学》，2017第6期。

定了公民身份的认同，随后中华人民共和国的建立解决了国家政治层面的认同，使生活在中国之内的个人拥有了普遍的公民资格。然而，对于每个人所处的特殊族群及其归属问题则是民族国家认同的另一个重要方面。中华民族是共同拥有几千年历史传承的文化共同体，由于在对"天下共同体"的解散过程中一度将中华民族的传统文化进行极端化理解，从而出现了新文化运动之后与传统文化彻底决裂的极端倾向。这种将传统文化瞬间且彻底的否定，将在情感上损害个体对中华民族集体上的认同感和凝聚力，从而失去了个人精神归属感上的认同，将无法抵御异国文化的思想霸权。因此，如何巩固民族国家共同体，如何建立起拥有区别于异国的独特文化认同的民族共同体是当务之急。不少学者也认识到，民族国家认同在很大程度上是文化的认同，文化认同的建立是政治研究的最深入的层面。① 习近平总书记在 2014 年中央民族工作会议上提出四个认同，其中就包括对中华民族的认同和增强对中华文化的认同。中华民族是一个有着多元民族的国家，公民身份能在短时间内唤醒公民的民族身份的意识，但从长远来看需要有共同的文化认同才能产生进一步的民族身份认同。在此背景下，中国逐渐意识到自身所面临的各种文化认同、身份认同上的危机，对民族国家认同从普遍主义向特殊主义进一步发展成为必然，因而需要认识到具体的语言、历

---

① 姚大力：《变化中的国家认同——对中国国家观念史的研究述评》，《原道》2010 年。

史、文化等具有差异化的元素，加强中华文化整体及各民族内部、地缘、阶层、人群的文化认同。一方面通过在公民身份的基础上强调共同历史、祖先、文化、地位等因素来消除文化多样性带来的社会差异性，另一方面强调各民族的传统文化，保护非遗，承认和尊重各异的群族认同，通过对文化多元性、特殊性的认同解决个人在感性层面的文化归属感，也通过各异的民俗文化、非遗形成地方或地域上的文化认同。传统文化留下的物质文化遗产与非物质文化遗产能为文化认同提供重要的资源，为构建文化共同体提供必要的支撑，巩固整个民族和国家意识形态的文化基础，是建立一个统一的、普遍与特殊兼顾的文化共同体的必要举措。因此，处于遗产运动热潮中的中国也将目光转移到了物质文化遗产与非物质文化遗产的保护中。

第六节　非遗展示与传统文化

自 21 世纪初，中国首批非物质文化遗产入选联合国教科文组织非物质文化遗产名录项目以来，关于中国非遗的种种问题都引起了学界的高度关注。目前，中国非物质文化遗产在民间呈现出不平衡发展的趋势已十分明显，特别是少数民族地区文化的加速消失导致大量传统文化濒危成为遗产。相对于西方非遗，中国非遗面临大规模、突然间、系统性爆发的态势，这样剧烈的变化对于西方国家的非遗来说是不曾经历的。然而，反观历史，中国非遗之所以呈现出如此剧烈的变化是有其深刻的历史与社会渊源的。

从历史的角度来看，中国自古以来便与西方社会追求物质文化永恒和不朽不同，中国在整体上对物质文化的态度都十分模糊。正如汉学家 Pierre Ryckmans 所认为的：中国人对于自己建造的过去似乎表现出某种"疏忽或冷漠（甚至有时会发生非常彻底的偶像破坏）"。[①]一方面可能与中国传统的营造材料多实用木料而非石料有关，经常在战争或自然灾害中被毁坏、腐朽，修复、重建成为常态，因此中国古人没有对物质不朽的期望。另一方面，中国历代帝王在经历改朝换代的过程中经常出现对前代帝王宫殿或文化遗产进行周期性毁坏的传统，这种周期性的毁坏现象实质上是在社会转型中统治者为保证政治上的连续性，而在文化上使用了暴力手段致使其断裂。统治者通过对前朝文化遗产冠以"失德""天谴""天灭"等污名并将其摧毁以此来重写历史，象征新时代的来临，使新的政权合法化。如焚书坑儒与火烧阿房宫，试图通过消除过去王朝的文化遗存来重新建立一个帝国。这样几乎仪式性的破坏和重建似乎从秦始皇开始就成为新王朝的统治者使政权合法化的惯用手段。如朱元璋在征服了元朝后大规模摧毁了元朝的宫殿与元大都，并且

---

①P. Ryckmans， "The Chinese Attitude towards the Past"，The China Heritage Quarterly，No.14，2008，http//www.chinaheritagequarterly.org/articles.php?searchterm=014_chineseAttitude.inc&issue=014，访问日期：2018 年 11 月 15 日。

将元朝的文化遗产纷纷转运到南京，作为修建新都城城墙的材料。这座曾被马可·波罗誉为全世界无与伦比的城市就在顷刻间沦为了政治的牺牲品。除此之外，中国历代帝王常常因信仰的变化而对已有宗教文化进行大规模毁坏。这种新王朝摧毁旧王朝文化遗产的周期性行为导致了我国虽拥有五千多年的文明，却在文化遗存的保留上所剩无几。这一周期性的历史现象在西方几乎不存在，至少没有成规模地存在。如18世纪法国大革命期间，对于前贵族的文化遗产也曾遭到激进派企图摧毁的冲击，却被法国以梅里美和雨果为代表的知识分子群体所抵制，他们集体上告新政府，提出共和国需要建立新政府，但法兰西文化遗产不能因此而断裂。[①] 从而强调了文化遗产传承的重要性。

如果说中国自古在文化遗产的保存上就存在周期性的断裂，那么近代以来中国在国际、国内所遭遇的暴力革命、社会转型等经历促使中国传统文化经历了前所未有的撕裂，由此带来的不适与断层是导致中国非遗区别于西方突然间、大规模、体统性爆发的直接原因。非遗本是西方社会先诞生的文化保护机制，到19世纪末20世纪初才开始影响中国。起初是由于18世纪工业革命的爆发，西方社会经历了生产力的革命，大量传统的生产方式被机器替代，致使人们与过去的生活方式告别，开始了现代化进程而留下了大量的物质

---

① 彭兆荣主编：《文化遗产学十讲》，云南教育出版社2012年版。

与非物质文化遗产。但对于西方社会来说，从历史性上来看，以英国为代表的西方国家 18 世纪就开始的现代化进程，其由传统社会到现代社会的进化历经了两百年的时间。此外，西方社会的现代化是随着科技革命的爆发引起生产力的变革以及市场经济的高速发展而自发、自觉内生性发展起来的。西方社会的内部有机体自发生成了能适应工业文明发展要求的现代性。其中包括独立、自由、民主、法治、理性、权力、平等等现代性因素，逐步地推动着传统社会向现代社会转型，这是一个漫长而渐进的过程。

对于中国来说，1840 年之前的中国，一直是一个封闭的小农文明系统，未曾经历西方两百年来的现代化转型过程，突然间在 1840 年遭遇了西方工业文明猛烈的暴力冲击，在没有任何准备的情况下被迫展开了不可阻挡的解体转型过程，其文化上的不适感、焦虑感与失落感是极其巨大的。因此，面对船坚炮利的西方国家，中国首要的任务是救亡图存，学习西方的物质文明以对抗西方成为当时中国人民共同的目标。在政治上，推翻满清政府的封建统治是 20 世纪初的中国社会的共识。而在推翻满清政府的统治后，仍然面临社会积贫积弱的现状，临时政府的统治仍然昏庸无能。在巨大的社会危机面前，当时以李大钊、陈独秀、鲁迅、胡适等为代表的先进思想家纷纷将中国落后的根源指向了中国传统文化。因而以"启蒙开智"为目标展开了以"打倒孔家店"为旗号的新文化运动，中国思想界开始积极引进西方现代思想与理论，传播西方科技，同时对传统文化形式呈现出摧枯拉朽之势。历经五千年历史的中华文明在急需变革的现实国情面前做出了让位，而原本以启蒙开智为出发点的新文化运动在后期被加上了更多的政治意义，成为革命号召的把手，最终转型为争取民族解放的革命文化。但遗憾的是，以新文化运动为主的革命文化在革命完成后并没有重新回归文化的社会功能，而是走向了彻底的革命化道路。由此，文化服务于政治的社会格局形成。这一时期对传统文化从思想上开始的摧毁是近代中国文化发生的严重断裂，文化的发展受制于政治，从而切断了自身发展传承的内在逻辑。这一现象在文化大革命时期发展到顶峰。政治的过度干预使中国文化面临与历史彻底的断裂，其结果便是丰富的物质与非物质文化在"破四旧"的革命狂热中突然间濒危。

新中国成立初期，面对在战争中饱受物质匮乏之苦的中国人民集体处于经济极度匮乏的状态，而当时的西方国家，已经在现代化的发展道路中遥遥领先。面对有限的基本生存条件，国家已无法再用幻想式的政治手段来调动人民群众的政治积极性了。解决百姓安居乐业的基本生存条件成了新中国成立后的首要任务。于是"一切以经济建设为中心""管他黑猫白猫，能逮到耗子的就是好猫""发展就是硬道理"等集中经历发展市场经济的标语成为当时大街小巷广为流传的社会共识。不可否认，国家采取"经济发展压倒一切"的政策是当时的权宜之计，稳定住了民心，使上亿中国人走上了正常的生活轨道。但从长期的历史发展来看，单纯强调经济的发展则是将复杂的社会转型单一化处理了，这必然对所忽视的文化、社会等方面带来深层次的隐患。

随着现代化进程的发展，乡村社会被现代化的高速节奏大量解构，大规模乡村人口迁移到城市，传统民俗及价值观随之解体，同时，地域界限的模糊也导致了传统家国观念的彻底瓦解以及社会伦理的断裂。面对风风火火的城市建设，往日熟悉的生活环境短时间内都变成清一色的钢筋混凝土建筑，人们普遍感受到一种失去家园的茫然与落寞。在中国国民经济生产总值位居世界前列的今天，中国与世界的关系越来越紧密，西方文明自鸦片战争开始便以强者的姿态成为中国学习效仿的对象，然而在经历了百年的自我文化的否定后，对西方文明精神的深入理解却体现出水土不服的现象。在物质贫乏的时期，中国人民对西方物质文化、消费主义的向往表现出由衷的羡慕与热情。而随着物质水平的提高，人民需要在精神层面上有更多的满足时，却无法真正消化西方文明的精髓，同时与自身传统文化的断裂，导致了人民普遍在社会价值上的真空状态。人们存在于一个没有历史存在感的真空中，与过去的记忆失联也无法在西方文明的精神价值中找到精神的栖居之处。人们表现出对未来的无力与自我身份的怀疑，更无从找寻文化、道德的优越感了。李泽厚曾表示："人的生存、生活和生命是一种历史性的展开。历史不只是过去的事件，它是充满空间经验的时间，是人的此刻所在的和多种可能的未来。历史作为过去，就存在于此时此刻的现实之中，历史使过去成为未来的可能性，成为现在的选择和决断。"① 可见，人们比以往任何时候都更需要与传统相连，需要通过找回过去的记忆来重新确认自己的身份以及坚定对未来的信心。这是非遗保护之所以在中国显得更为迫切、必要的内在原因。

反观中国社会的百年现代化历史，起初是在外力的压迫下被迫开始转型，而后在政府的主导与强制下完成现代化转型。从经济上来看是克服了种种困难完成了经济发展进程的延续，但在文化上却陷入了现代化的陷阱。刘绍杰先生曾指出："判断社会转型的尺度，必须是社会生活在整体上发生了质的变化。……而社会质的变化应当是规定着人们的思维方式、行为方式和生活方式的制度的变化。并且，制度的变化不能仅从经济、政治、文化和社会体制中的正式制度变化去理解，而更应关注那些作为风俗、习惯或习俗的非正式制度对人们思维与行为的限制是否发生了变化。"② 这是西方国家现代化进程中经济与文化同时连续性发展的总结，社会的转型从根本上理解就是生产力与文化的传承与创新发展。对于西方国家来说文化的传承大体上是传承有序且符合历史发展逻辑的积极嬗变，同时，也是社会现代化转型的道德保障及创造基础，而中国在

---

① 李泽厚，刘绪源：《中国哲学如何登场？——李泽厚 2011 年谈话录》，上海译文出版社 2012 年版，第 114 页。
② 刘少杰：《当代中国社会转型的实质与缺失》，《学习与探索》2014 年第 9 期。

这场现代化转型的剧烈演变中被动地与传统文化撕裂而陷入了现代化转型的误区，在非遗问题上表现出不同于西方国家的文化不适与巨大断裂。

结　语

　　非物质文化遗产是工业文明到来后的产物，在历时性上"非遗"是一种可视化的文明，它所传承的是一种本真性的、技艺承载的历史，是对精英主义意识形态下的文字历史的补充。在共时性上，"非遗"也是一种主流文化之外的"地方性知识"。作为展示的主体具有无文字、非线性等特征，其非物质性的特征决定了"非遗"不仅仅只有"物"的方面，其核心存在于非物质性的一面，即依赖于传承人而存在，并需要与之相适应的文化语境。它面向的内容除了物与物的关系，还包括人与物、人与人、人与文本、文本与文本等多方面的关系。同时，"非遗"活态性特征决定了非遗不同于物质文化遗产只存在历史之中，"非遗"在今天仍然处于传承与变化之中。因此，"非遗"及其展示不仅仅属于历史学的范畴，也需要人类学、社会学研究的参与。面对"非遗"这一复杂、庞大的展示主体，现有单一的博物馆体制则暴露出许多与之不相匹配之处，如以"物"为中心的展示体系造成的展示与社会的现实的脱节；自上而下的权威性、标准化视角抹杀了非遗文化多元的文化关系；缺乏前期研究的"三部一室"展示体制导致了"非遗"展示物质性与非物质性的脱节，并因缺乏对展示主体的社会学研究而造成展示的无效性等。

本书首先将叙事学作为展示的方法引入"非遗"展示，通过分析认为叙事学虽然主要是研究文学的工具，但在其诞生之初是用于分析民间故事与神话文本的工具，早期的叙事学家也恰好是民俗学家与神话学家，这些恰好是"非遗"的一部分，而发展到现代社会的后经典叙事学则是考察文本内部各要素以及其所处的原境进行共时性研究的方法，这从内在逻辑上符合了"非遗"展示的需求。通过对叙事学的引入，建立起"非遗"展示内部各要素之间的关系，展览与接受者的关系，与现代社会的关系等，叙事学是进行"非遗"展示关系研究的切入方式。在叙事学的视角下，物质文化遗产的展示与"非遗"展示的区别在于，前者的展示是对"已死"文物的展示，而对文物的叙事可能只有一种叙事或解释，而"非遗"是一个仍存活于世的文化形态，它所涉及的叙事角度是包括观者、传承人、原境等视角在内的多方面的。当观者沉浸在展示的"原境"中可以根据其自身的经验或思想产生出不同的理解，这也恰恰是非遗"活态性"的体现。因此，"非遗"的展示要超越现有的博物馆展示，重构适合"非遗"展示的叙事体系。

在"非遗"展示的叙事体系中，作为叙事的媒介，空间性与时间性是其基本特性，但其区别于小说、电影等其他叙事媒介，展示除了具有文本空间、叙事空间外，还具有"实体空间"，即在具体的现实空间中展开叙事。正因为其具有实体空间的特征，一方面展示中的叙事对观众而言强制性较弱。它无法像小说或电影那样使观众完全按照叙事者所安排的叙事线进行观看，展览叙事的空间存在着很大的自由度，观众的观看行为是自主的，具有偶然性的。同时，也正因为观展过程的弱强制性，观众可在策展人建议的参观流线中根据自身的需要组合出更多元的参观流线，而这一灵活性也恰好符合"非遗"展示中开放性、民主性的叙事结构的需求，并能为"非遗"叙事中复杂、庞大的信息内容提供更多的容量与可能性。参观的流线不仅在平面空间中有多种组合的可能性，在立体的空间中因流线的重合交错或复合的观看视角都能为观展带来不一样的体验。其中，具体展示空间中"墙"的概念也可拆为空间划分与阻挡视线两个功能，而在这两个功能基础上进行的概念的延伸则将"墙"的概念扩展为展品本身，而"墙"也不仅仅只能存在于博物馆空间中，其概念可以延伸至在博物馆之外的"原境"展示中，或城市与城市之间、虚拟网络与现实空间之间等，由此，展览空间在叙事性的视角下有了更多元化的延伸。

在叙事的时间性上，"非遗"中的许多时间概念都是模糊的，无法用现代社会中的"实在时间"体系来判断其"确证性"，现代社会中的"记忆技术"是通过"第三滞留"的方式进行复制，最终呈现为摄影、电子书、数据库等物质化的状态。而"非遗"所代表的是一种存在于集体记忆中的"文化时间"，它是通过一代又一代的记忆、经验以及口口相传的方式来记录。它所代表的是前现代的旧知识体系，这种旧知识体系本身就是混沌、不清晰以及非理性的。当我们试图以现代科学、逻辑为原则去追求它以清晰、标准化且理性的方式来进行展示时，实则是对其本真性的损害，而对"非遗"的"无时间性"的"文化时间"的尊重，也是在人类思维与"第三滞留"之间把握记忆与技术的平衡点。同时，"非遗"展示中除了物质形态、人的在场外，还需要有"非物质"因素、精神文化的"在场"，这是"非遗"本真性的关键所在，而要使这些看似"不在场"的非物质因素"出场"，单靠对物质形态展品秩序性的展出是无法完全呈现的，它必然需要观众沉浸在一种能触及感性的体验空间中，建立与传承人之间的联系、与原境的联系以及在连续性叙事的体验中进入一种沉浸式的叙事状态。在这个状态中，观众能以叙事内容中的角色去感知、体验、思考，并能在有限的信息中，自发地通过想象来填补空白的情节，建立展示中因现实的有限而未能展示出的复杂的关系。正如观众在观看小说时，能通过对已熟知的角色和情节去想象作者未曾交代的、被"跨越"的情节；在电影中通过观看"部分真实"的场景去想象镜头之外的场景。因此，非遗展览叙事中视角、语言、情节、视觉、听觉等整个叙事系统的连贯性就显得尤为重要。

经本书的论述，笔者认为在"大传统"向"小传统"转向的叙事学背景下，"自我民族志叙事"的方式，也就是亲历者的视角更能"唤起"观众感性的共鸣，这与非遗传承人的角色不谋而合。因此，在叙述视角上，"非遗"展示需要颠覆传统博物馆中"学者型"视角，也就是一种权威的、全知型的视角，而以一种平等的、民主的、限知型的视角与观众建立沟通。另外，在这一亲历者视角的带入下，"非遗"展览还需要营造一种沉浸式的体验场景。而实际的展示空间与小说的文本空间、电影的虚拟空间以及戏剧的固定空间都有不同，它需要构建一种连续性的展示场景，这些场景是对叙事内容所指原境的一种"复原"。当然，不论是多么先进的技术或者即使在文化地的现场进行展示，也无法在真正意义上实现对原境完全的复原，只能以倾向原境的原则建构出一种与亲历者的经历、心理相适应的体验空间。这些场景的营造实则是在向观众交代"部分的真实"，而场景与场景之间连续性的建立是以观众的想象为基础的，现场叙事逻辑的连贯性、感知系统的协调性等是确保这一连续性得以实现的重要保障。因此，这就需要更加科学、统一地展示体制的支撑。

在传统博物馆体制下发展而来的"三部一室"制是中国现有的博物馆展示体制，这一展示体制由于各部门之间的分工是分散的，部门仅仅只在展示的环节上工作，缺失前期对展示内容的研究环节，因此这种展示机制只适用于文物类单一的展陈，对于"非遗"这一复杂的展示对象需要有专门的策展人团队的支持。首先，需要策展团队拥有研究能力，能对"非遗"中技艺的传播、文化与文化、地域与地域、人与人之间互动的动态历史有立体的研究，甚至需要文化"自者"与"他者"视角的同时出场，这是确保展示有效性的前提，只有对"物"背后的文化、精神进行深刻研究，才能确保"非物质"因素能在展示中真正"出场"。同时，策展团队需要做一个"多面手"的角色，以统一的输出方式，做好叙事语言在文字、展品、视觉、影像等各方面的转换，从而建立一个统一的叙事空间，以实现"非遗"展示作为一个现实空间内的文化场域，成为旧有文化体系与现代社会之间的桥梁。让"非遗"在现代社会中获得保护与延续，并解决现代性在个体记忆与国族文化身份上留下的身份焦虑问题。

本文研究的最终落脚点是通过对"非遗"主体的研究，利用叙事学的研究手段，对现有展示体制进行反思，并在此基础上提出：建立多元视角下以亲历者视角为主的连续性叙事场景的沉浸式叙事体验空间，且在这个空间中通过开放的叙事结构，使观众在观展中实现与过去文化的连接，或产生对现代生活的启示，最终实现"非遗"对建立个体记忆与国族身份认同的时代价值。

参考文献

［1］ 联合国教科文组织：《联合国教科文组织保护世界文化公约选编》，法律出版社 2006 年 6 月版。

［2］ 乌丙安：《非物质文化遗产的界定和认定的若干理论与实践问题》，《河南教育学院学报（哲学社会科学版）》2007 年第 1 期。

［3］ 邹启山：《联合国教科文组织人类口头和非物质遗产代表作申报指南》，文化艺术出版社 2005 年版。

［4］ 中国民族学学会：《世界文化多样性宣言》，《民族文化与全球化研讨会资料专辑》2003 年版。

［5］ 联合国教科文组织：《保护非物质文化遗产公约》，《中国文物修复通讯》2004 年第 23 期。

［6］ 李斌：《温家宝李长春参观中国非物质文化遗产专题展》，《光明日报》2007 年 6 月 10 日。

［7］ 《辞海》，上海辞书出版社 1999 年版。

［8］ ［美］弗兰西斯·福山：《历史的终结及最后之人》，

>>> 非遗展陈叙事研究

黄胜强等译，中国社会科学出版社 2003 年版。

［9］ 费孝通：《论人类学与文化自觉》，华夏出版社 2004
年版。

［10］ 中共中央马克思恩格斯列宁斯大林著作编译局：《马克
思恩格斯全集》第 1 卷，人民出版社 2014 年版。

［11］ Lefebvre，H. Everyday Life in the Modern World. New York:
Harper & Row, 1971.

［12］ Elden，S. Understanding Henri Lefebvre: Theory and the
Possible. London: Continuum, 2004.

［13］ Bauman，Z. Work, Consumerism and the New Poor.
Maidenhead: Open University Press, 2005.

［14］ 杨慧琼：《新时期的漂泊叙事和现代性体验》，陕西师
范大学出版总社有限公司 2012 年版。

［15］ ［德］埃德蒙德·胡塞尔：《欧洲科学的危机和超越论
的现象学》，王炳文译，商务印书馆 2001 年版。

［16］ Erickson, Paul A.&Murphy, Liam D. A History of
Anthropological Theory, New York: Broadview Press, 2008，（19）.

［17］ 李广柏：《中国历史上的人文主义思潮》，《华中师范
大学学报》2001 年第 4 期。

［18］ 吕立群：《维柯诗性观念中的人文主义思想研究》，浙
江大学，2010 年。

［19］［英］阿伦·布洛克《西方人文主义传统》，董乐山译，生活·读书·新知三联书店 1997 年版。

［20］［美］丹尼尔·贝尔：《后工业社会的来临》，高铦 王宏周 魏章玲译，商务印书馆 1984 年版。

［21］赵亲：《辛亥革命前后的中国工人运动》，《中国近代史论文集》下册，中华书局 1979 年版。

［22］乐正：《近代城市发展的主题与中国模式》，《成长中的新一代史学》下册， 天津社会科学出版社 1992 年版。

［23］［美］丹尼尔·贝尔：《资本主义的文化矛盾》，赵一凡 蒲隆、任晓晋译，生活·读书·新知三联书店 1992 年版。

［24］［美］萨缪尔·亨廷顿：《文明的冲突与世界秩序的重建》，周琪等译，新华出版社 1998 年版。

［25］［德］恩斯特·卡西尔：《人论》，甘阳译，上海译文出版社 2004 年版。

［26］［美］詹姆斯·哈威·鲁滨逊：《新史学》，商务印书馆 1989 年版。

［27］雷颐：《"私人叙事"与"宏大叙事"》，《读书》1997 年第 6 期。

［28］［英］艾瑞克·霍布斯鲍姆：《论历史》，中信出版社 2015 年版。

［29］E.J.Hobsawm, History from Below, in On History.

〔30〕〔法〕雅克·勒高夫：《新史学》，姚蒙译，上海译文出版社 1989 年版。

〔31〕梁启超：《新史学》，《饮冰室合集》文集之 9，中华书局 1989 年版。

〔32〕顾颉刚：《答刘胡两先生书》，《顾颉刚古史论文集》1 册，中华书局 1988 年版。

〔33〕麻三山：《隐藏在记忆里的文化符号》，中央民族大学，2010 年。

〔34〕孙发成：《民间传统手工艺传承中的"隐性知识"及其当代转化》，《民族艺术》2017 年第 5 期。

〔35〕Tuan Y F. Space & Place: The Perspective of Experience[M]. Minneapolis: University of Minnesota Press, 1977.

〔36〕Auge M. Non-Places: Introduction to an Anthropology of Supermodernity[M]. London: Verso, 1995.

〔37〕Cresswell T. Place: A Short Introduction. Oxford: Blackwell, 2004.

〔38〕Qian Junxi. Theoretical perspectives on place and the implications for tourism research. Tourism Tribune, 2013, 28(3).

〔39〕周尚意：《四层一体：发掘传统乡村地方性的方法》，《旅游学刊》第 32 卷，2017 年第 1 期。

〔40〕Yifu Tuan. Space and Place: The Perspective of Experience.

Minnesota: University of Minnesota Press, 2001.

［41］杜芳娟、袁振杰：《务川龙潭仡佬族民族身份的地方性建构》，《热带地理》第 34 卷，2014 年第 4 期。

［42］钱俊希、钱丽芸、朱竑：《"全球的地方感"理论述评与广州案例解读》，《人文地理》第 26 卷，2011 年第 6 期。

［43］汪芳、李薇、PROMINSKI Martin：《城镇化和地方性的新冲突、新策略与新探索：中德双边研讨会会议综述》，《地理研究》第 33 卷，2014 年第 11 期。

［44］姜辽、苏勤：《旅游对古镇地方性的影响研究：基于周庄的多案例考察》，《地理科学》第 36 卷,2016 年第 5 期。

［45］Thomas N.headland, Kenneth Pike. Marvin Harris(eds.), Emics and Etics: The Insider/Outsider Debate, London:Sage publication,1990.

［46］麻国庆、朱伟：《文化人类学与非物质文化遗产》，生活·读书·新知三联书店 2018 年版。

［47］王晓路：《文化批评关键词研究》，北京大学出版社 2007 年版。

［48］［美］爱德华·W.萨义德：《东方学》，王宇根译，生活·读书·新知三联书店 1999 年版。

［49］尹虎彬：《回归实践主体的今日民俗学》，《民族文学研究》第 37 卷，2019 年第 5 期。

［50］中共中央马克思恩格斯列宁斯大林著作编译局：《马克思恩格斯选集》第 1 卷，人民出版社 1972 年版。

［51］［英］大卫·哈维：《后现代状况——对文化变迁之缘起的研究》，阎嘉译，商务印书馆 2003 年版。

［52］［德］扬·阿斯曼：《文化记忆：早期高级文化中的文字、回忆和政治身份》，金寿福 黄晓晨译，北京大学出版社 2015 版。

［53］［德］简·奥斯曼：《集体记忆与文化身份》，《文化研究》（第 11 辑），陶东风 周宪译，社会科学文献出版社 2011 年版。

［54］刘晴波：《杨度集》，湖南人民出版社 1986 年版。

［55］梁漱溟：《中国文化要义》，《梁漱溟全集》第 3 卷，山东人民出版社 1990 年版。

［56］孙中山：《三民主义》，东方出版社 2014 年版。.

［57］张勇、蔡乐苏：《中国思想史参考资料集·晚清至民国卷》上编，清华大学出版社 2005 年版。

［58］［德］于尔根·哈贝马斯：《欧洲民族国家》，《包容他者》。

［59］梁启超：《论中国学术思想变迁之大势》，上海古籍出版社 2006 年版。

［60］［日］松本真澄：《中国民族政策之研究：以清末至

1945 年的"民族论"为中心》，鲁忠慧译，民族出版社 2003 年版。

［61］ 中共中央统战部：《民族问题文献汇编》，中共中央党校出版社 1991 年版。

［62］《毛泽东选集》第 2 卷，人民出版社 1991 年版。

［63］ 马戎：《旗帜不变，稳住阵脚，调整思路，务实改革———对中央民族工作会议的解读》，《青海民族研究》2015 年第 2 期。

［63］ 许纪霖：《国家/国民、国家/民族：国家认同的两个面向》，《浙江社会科学》2017 年第 6 期。

［64］ 姚大力：《变化中的国家认同——对中国国家观念史的研究述评》，《原道》2010 年。

［65］《中央民族工作会议暨国务院第六次全国民族团结进步表彰大会在北京举行》，《人民日报》2014 年 09 月 30 日。

［66］ P. Ryckmans, "The Chinese Attitude towards the Past", The China Heritage Quarterly, No.14, 2008, http//www.chinaheritagequarterly.org/articles.php?searchterm=014_chineseAttitude.inc&issue=014, 访问日期：2018 年 11 月 15 日。

［67］ E.O. Reischauer, Ennin's Travels in Tang China, New York：Ronald Press, 1955.

［68］ 彭兆荣：《文化遗产学十讲》，云南教育出版社 2012 年版。

［69］李泽厚、刘绪源：《中国哲学如何登场？——李泽厚2011 年谈话录》，上海译文出版社 2012 年版。

［70］刘少杰：《当代中国社会转型的实质与缺失》，《学习与探索》2014 年第 9 期。

［71］王克忠：《城镇化路径》，同济大学出版社 2012 年版。

［72］杨澜、付少平、蒋舟文：《法国城市化历程对当今中国城市化的启示》，《法国研究》2008 年第 4 期。

［73］董永在、冯尚春：《英法城市化进程的特点及其对我国的借鉴》，《当代经济》2007 年第 12 期。

［74］林坚：《城镇化进程中的城市记忆和乡愁》，《城市》2015 年第 4 期。

［75］张孝德：《"记得住乡愁"的城镇化与有根的中国梦》，《绿叶》2014 年第 12 期。

［76］范东君：《农村空心化挑战及其化解之道》，《光明日报》2015 年 6 月 3 日。

［77］吕新雨：《乡村与革命》，华东师范大学出版社 2013 年版。

［78］孙波：《日本城市化的演进及启示》，《经济纵横》2010 年第 12 期。

［79］付恒杰：《日本城市化模式及其对中国的启示》，《日本问题研究》2003 年第 4 期。

［80］郭海红：《日本城市化进程中乡愁的能动性研究》，《山东大学学报（哲学社会科学版）》2015 年第 3 期。

［81］《城镇化"乡愁"的国际借鉴》，《吉林农业》2016 年第 20 期。

［82］周兵：《"乡愁"文化与新型城镇化》，《学术探索》2015 年第 4 期。

［83］Cohen E. Rethinking the Sociology of International Tourism[J]. Socilogy,1979, b,13(2).

［84］Boissevain Jeremy. The impact of tourism on a dependent island: Gozo, Malta[J]. Pergamon,1979,6(1).

［85］张明：《旅游目的地文化真实性探讨》，《华侨大学学报》（哲学社会科学版）1993 年第 3 期。

［86］张晓萍：《旅游业与"舞台真实"——一种西方人类学的观点》，《民族旅游的人类学透视》云南大学出版社 2005 年版。

［87］赵红梅：《旅游业的文化商品与文化真实性》，《云南师范大学学报》第 35 卷，2003 年第 3 期。

［88］周亚庆、吴茂英、周永广、竺燕红：《旅游研究中的"真实性"理论及其比较》，《旅游学刊》2007 年第 6 期。

［89］高科：《文化遗产旅游原真性的多维度思考》，《旅游研究》第 2 卷，2010 年第 2 期。

［90］［美］路易斯·亨利·摩尔根：《古代社会》，人民出

版社 2007 年版。

［91］ 高有鹏：《关于中国创世神话与原始崇拜的几个问题》，《中国人民大学学报》第 33 卷，2019 年第 1 期。

［92］ ［德］马克斯·韦伯：《学术与政治》，冯克利译，生活·读书·新知三联书店 1999 年版。

［93］ Seymour Chatman, Story and Discourse:Narrative Structure in Fiction and Film. Ithaca:Cornell University Press,1978.

［94］ ［法］热拉尔·热奈特：《叙事话语、新叙事话语》，王文融译，中国社会科学出版社 1990 年版。

［95］ ［美］西摩·查特曼：《故事与话语：小说和电影的叙事结构》，徐强译，中国人民大学出版社 2013 年版。

［96］ ［美］杰拉德·普林斯：《叙事学：叙事的形式与功能》，徐强译，中国人民大学出版社 2013 年版。

［97］《大辞典》，三民书局股份有限公司 1985 年版。

［98］《中国文学点评研究》，http://www.gxdaixie.com/biye/wenxue/2011/0829/7864.html

［99］ 尚必武：《西方论文关键词：叙事性》，《外国文学》2010 年第 6 期。

［100］ 张晓晴：《博物馆"叙事性"展示设计探讨》，中央美术学院 2012 年。

［101］ 王凤娟：《蒙太奇式小说——叙事学视角下的〈说西

安〉》，《当代文坛》2008 年第 4 期。

［102］［美］罗伯特·斯科尔斯 詹姆斯·费伦 罗伯特·凯洛格：《叙事的本质》，于雷译，南京大学出版社 2015 年版。

［103］［英］齐格蒙特·鲍曼：《作为实践的文化》，郑莉译，北京大学出版社 2009 年版。

［104］周宁、何颖：《动作与戏剧性：谭霈生戏剧本体理论的基石》，《戏剧（中央戏剧学院学报）》2003 年第 4 期。

［105］ Gerald Prince, A Dictionary of Narratology. Revised Edition. Lincoln: University of Nabraska Press,2003,.

［106］ Seymour Chatman. Story and Discourse:Narrative Structure in Fiction and Film[M]. New York. Cornell University Press,1980.

［107］陆邵明：《场所叙事：城市文化内涵与特色建构的新模式》，《上海交通大学学报（哲学社会科学版）》第 20 卷，2012 年第 3 期。

［108］［美］伯纳德·屈米：《建筑概念：红不只是一种颜色》，陈亚译，电子工业出版社 2014 年版。

［109］张永和：《作文本》，生活·读书·新知三联书店 2005 年版。

［110］ Jay Rounds. Strategies for the Curiosity-Driven Museum Visitor[J]. Curator: The Museum Journal, 2004,47(4).

［111］龙迪勇：《空间叙事学》，生活·读书·新知三联书

店 2015 年版。

［112］童强：《空间哲学》，北京大学出版社 2011 年版。

［113］张成福：《个人叙事与传统建构——以即墨"田横祭海节"为例》，《青岛农业大学学报（社会科学版）》第 23 卷，2011 年第 1 期。

［114］孔军：《传承人口述史的时空、记忆与文本研究》，天津大学 2017 年。

［115］龙迪勇：《空间叙事学》，生活·读书·新知三联书店 2015 年版。

［116］［瑞士］让·皮亚杰：《结构主义》，倪连生、王琳译，商务印书馆 2006 年版。

［117］Seymour Chatman. Story and Discourse: Narrative Structure in Fiction and Film[M]. New York. Cornell University Press,1980.

［118］张婉真：《当代博物馆展览的叙事转向》，《远流》2014 年版。

［119］许瑞容：《从布雷希特的戏剧理论观点出发的展示美学》，2001 年。